Von einem neuen
Verständnis der Quantentheorie
zur Kosmologie des Bewusstseins
$e = m\,(\,l/t\,)^2$

AF210496

Volker Junghanss

Von einem neuen Verständnis der Quantentheorie zur Kosmologie des Bewusstseins

$$e = m \, (\, l/t \,)^2$$

Bibliografische Information der Deutschen Nationalbibliothek
Die Deutsche Nationalbibliothek verzeichnet diese Publikation in der Deutschen
Nationalbibliografie; detaillierte bibliografische Daten sind im Internet über
http://dnb.d-nb.de abrufbar.

© 2012 Volker Junghanss
Satz, Umschlaggestaltung, Herstellung und Verlag:
BoD™ – Books on Demand, Norderstedt
ISBN 978-3-8482-0060-3

Inhalt

Ich glaube, dass unserem gegenwärtigen Bild der physikalischen Realität, vor allem hinsichtlich des Wesens der Zeit, ein gewaltiger Umsturz bevorsteht, er wird sogar noch größer sein, als die Umwälzung, die bereits durch Relativitätstheorie und Quantenmechanik ausgelöst worden ist.

Roger Penrose

I. Geheimnisvolle Gravitation

Dreihundert Jahre nach Newton liegen auch heute noch Ursprung und Wesen der Gravitationskraft im Dunkeln. Newton sagte uns zwar mit den von ihm entdeckten Gesetzmäßigkeiten, *wie* sich Himmelskörper und Körper ganz allgemein bewegen. *Warum* sie sich bewegen, konnte er uns nicht vermitteln. Auch Einstein fand keine Erklärung für das „*Warum*" der so augenfälligen Bewegungen von Teilchen und Körpern. Stattdessen versucht er in seiner Allgemeinen Relativitätstheorie, uns mit der so schwierigen Vorstellung vertraut zu machen, dass die Gravitation eine von der Materie verursachte Krümmung des Raum-Zeit-Gefüges sei.

Die Quantenphysik komplizierte schließlich die Dinge abermals – und dies deshalb, weil sie zu der so schockierenden Schlussfolgerung führte, dass im Bereich des Kleinen und Kleinsten gänzlich andere Gesetzmäßigkeiten zu herrschen scheinen als im Makrokosmos. In der Folge setzte sich die Überzeugung durch, dass es gelte, alle bekannten vier Naturkräfte – neben der Gravitation auch den Elektromagnetismus sowie die schwache und die starke Kernkraft – innerhalb eines einheitlichen Erklärungsmodells zu verschmelzen. Dazu bedürfe es in allererster Linie einer Theorie der Quantengravitation. Diese wiederum setze voraus, dass von der Existenz so genannter Gravitonen auszugehen sei. Sehr zum Leidwesen der Gravitationsforschung ließen sich jedoch bis zum heutigen Tage die so mysteriösen Schwerkraftteilchen trotz größter experimenteller Anstrengungen nicht aufspüren.

Nicht, dass man jetzt etwa die so umfassenden Bestrebungen nach einer „Super-Vereinheitlichung" der Kräfte aufgegeben hätte! Vielmehr schickte sich die Avantgarde der Physiker an, die String- und Superstringtheorien zu entwickeln, denen zufolge die Naturkräfte nicht weiterhin auf Teilchen sondern auf partikelartige ›Strings‹ (Saiten oder Schnüre) zurückzuführen seien. Mittlerweile hat der so überaus komplizierte mathematische Formalismus aller Vereinheitlichungsmodelle Ausmaße angenommen, die bereits jenseits jeder menschlichen Vorstellung liegen. Supersymmetrien und Hyperräume bei Ansatz von 11 oder gar 21 Dimensionen spielen dabei eine Rolle. Selbst unter Fachleuten mehren sich die Stimmen, dass alle bisherigen Ansätze zur Lösung des Gravitationsrätsels und vieler weiterer physikalischer Paradoxien und Ungereimtheiten zum Scheitern verurteilt sein könnten. Wäre allen Forschungsanstrengungen nicht doch ein größerer Erfolg beschieden gewesen, wenn man sich zuallererst auf die Frage konzentriert hätte, die bereits Newton und Einstein glaubten vernachlässigen zu können: *Warum bewegen sich Teilchen und Körper eigentlich überhaupt?* Könnte hier vielleicht der passende Schlüssel zu einem tieferen Verständnis des kosmischen Geschehens liegen?

2. Die Bewegungshypothese des Energieausgleichs

Stellen wir uns das Verkehrschaos in einer asiatischen Metropole vor, bei dem sich die unterschiedlichsten Gefährte in alle möglichen Richtungen mit wechselnden und voneinander abweichenden Geschwindigkeiten bewegen. Ein „unwissender" Beobachter könnte angesichts des so augenscheinlichen Durcheinanders zu der Einschätzung gelangen, dass die Bewegungen sämtlicher Verkehrsteilnehmer zufälliger oder willkürlicher Natur sind. Ein „aufgeklärter" Zeitgenosse dürfte dahingegen wissen, dass sich sämtliche Fahrzeuge keinesfalls zufällig unterwegs befinden, sondern dass sie immer ihre individuell unterschiedlichen Ziele ansteuern. Hinter jeder Art von Verkehr verbirgt sich also ein „absichtsvolles Verhalten". Mehr noch: Erkennbar besteht die „Absicht" darin, dass am Zielort entweder Energie abgegeben oder Energie aufgenommen werden soll. So befinden sich etwa einige Verkehrsteilnehmer auf dem Weg zur Arbeit oder liefern mit ihren Fahrzeugen Produkte an ihre Kunden aus (Energieabgabe). Andere Verkehrsteilnehmer sind beispielsweise zum Einkaufen, Tanken oder Essen unterwegs (Energieaufnahme). Ein verständnisvoller Interpret des zu beobachtenden Geschehens dürfte am Ende gar erkennen, dass die in Verkehr und Wirtschaftsleben zu beobachtenden *Energieaustauschprozesse* stets voraussetzen, dass jede Energieform letztlich in irgendeiner Weise *abgerufen* oder *nachgefragt* werden muss.

Man sieht, dass wir hier auf einen überaus weitgefassten Energiebegriff zurückgreifen. Will man die von uns gewählte Analogie bei der Energieabgabe und –aufnahme und den dabei zu beobachtenden Austauschprozessen gelten lassen, so dürfte dem theoretischen Physiker vielleicht der *Erste Hauptsatz der Thermodynamik* in den Sinn kommen. Es war der deutsche Physiker Heinrich v. Helmholtz, der im Jahre 1847 das *Gesetz von der Erhaltung der Energie* proklamierte. Zuvor hatte bereits sein deutscher Kollege Robert Julius Mayer auf die *Notwendigkeit ausgeglichener Energiebilanzen* verwiesen. Anlässlich der Aufdeckung der Zusammenhänge bei der Photosynthese hatte man nämlich festgestellt, dass Pflanzen aus Wasser und Kohlendioxid so komplexe Strukturen wie Kohlenhydrate, Fette und Proteine aufbauen. Zur Synthese wird Sonnenenergie benötigt. Alle übrigen Lebensformen unserer Welt bauen darauf auf, indem sie die auf einer tieferen Evolutionsebene gewonnene „Lebensenergie" absorbieren, umgekehrt jedoch eigene Energien – zumeist in transformierter Form – an ihre Umwelt abgeben.

Das Energieerhaltungsgesetz lässt sich auf die Formel bringen, dass dasjenige Quantum an Energie, das an einem bestimmten Ort abgegeben wird, an einer anderen Stelle in äquivalenter Menge wieder auftaucht. Bemerkenswert erscheint uns, dass der *Erste Hauptsatz der Thermodynamik* eine tragende Säule unseres physikalischen Weltbildes darstellt – und dies bislang weitestgehend in nahezu völliger Unabhängigkeit von der *Quanten- und Relativitätstheorie,* die so oft in den Mittelpunkt gestellt werden, wenn es um kosmologische Fragestellungen geht. Lässt sich nun zwischen den genannten drei großen Weltbildtheorien der Physik – der Thermodynamik, der Quanten- wie auch der Relativitätstheorie – ein gemeinsames Verbindungsmuster entdecken? Dies ist die Frage, die wir in den Mittelpunkt der sich anschließenden Betrachtung stellen wollen.

Wieder einmal beginnen wir mit einer Analogie aus der menschlichen Sphäre – auch diesmal aus dem Bereich des Wirtschaftslebens. Stellen wir uns einen beliebigen Produktionsprozess in einer Montagehalle vor. Die dort zum Tragen kommenden Abläufe lassen sich durchaus mit dem Wachstumsprozess einer Pflanze vergleichen, wie wir ihn von der Natur her kennen. Was die Montage eines Endprodukts anbelangt, machen wir die Beobachtung, dass die Komponenten des Endprodukts aus den unterschiedlichen Lägern herangeführt werden müssen. Mit welcher Geschwindigkeit müssen die Transportbänder laufen, damit die benötigten Teile rechtzeitig am Montageort eintreffen? Nun, es kommt darauf an, wie weit die Lagerstätte vom jeweiligen Montageplatz enfernt ist. Je größer nämlich die jeweilige Entfernung desto schneller muss das entsprechende Band eingestellt werden. Ganz allgemein lässt sich der geschilderte Zusammenhang auf die Formel bringen:

$$F = (l \ / \ t) \ / \ l = 1/t$$

Hierbei sollen **F** den Takt eines jeden Laufbandes, **l** die zurückgelegte Wegstrecke zwischen Lagerort und Montagestelle und **l/t** die jeweilige Bandgeschwindigkeit darstellen.

Wir sehen also, dass der Takt (**F**) eines am Produktionsprozess beteiligten Transportbandes, welches die Produktbestandteile zum Montageort des Endproduktes befördert, stets dem Kehrwert der Zeit (**1/t**) entsprechen muss. Man darf deshalb mit Fug und Recht sagen, dass alle Transportbänder beim Produktionsprozess immer auch auf eine bestimmte Frequenz eingestellt sein müssen, damit die beförderten Komponenten rechzeitig den Monatageort erreichen können. Jede Frequenz entspricht dabei immer auch dem Kehrwert der Zeit.

Es schließt sich hier die Frage an: Könnte die Natur beim Wachstumsprozess einer Pflanze ähnlich verfahren wie der Mensch und gleichfalls ihre „Vorprodukte" mittels einer bestimmten Frequenz zum Ort des Geschehens befördern? Wie könnte ihr dies gelingen? Man halte sich vor Augen, dass die Natur bei ihren Organisationsprozessen allem Anschein nach nicht auf eine Form von „Intelligenz" zurückzugreifen vermag, wie sie dem Menschen bei seinen schöpferischen Prozessen durch Einsatz seiner Gehirnaktivitäten zur Verfügung steht. Wo liegt hier, was die theoretische Physik anbelangt, des Rätsels Lösung?

Die Entschlüsselung der Abläufe bei einem natürlichen Wachstumsprozess erscheint uns ja vor allem deshalb so kompliziert, weil sicherlich Heinrich v. Helmholtz auf der Einhaltung seines Energieerhaltungsgesetzes bestehen müsste. Zum anderen dürfte auch Albert Einstein seine Ansprüche geltend machen und fordern, dass jede Lösung in allem die allgemeinen Schlussfolgerungen aus seiner Relativitätstheorie zu berücksichtigen hätte. Und am Ende würde sich unter Umständen noch der alte Isaac Newton melden und vorbringen, dass die von ihm unterstellte Schwerkraft – vielleicht in

Gestalt der oftmals beschworenen Biogravitation – die entscheidenden Grundlagen für das Verständnis des Pflanzenwachstums liefern müsse.

Doch es existiert ein weiterer großer deutscher Physiker, dessen Name wir noch nicht nannten, der uns eine einzigartige Theorie geschenkt hat. Die Rede ist von Max Planck. Könnte uns seine Quantentheorie am Ende eine Erklärung dafür liefern, warum sich im Mikro- und im Makrokosmos überhaupt Teilchen oder Körper in Bewegung befinden. Denn nicht so sehr die Frage nach dem „Wie" jeglicher Bewegung, die inzwischen von der theoretischen Physik recht gut beantwortet werden kann, soll uns im Folgenden interessieren. In allererster Linie möchten wir den Ursprung jeglichen Bewegungsverhaltens der Materie ergründen. „Warum" bewegen sich Teilchen und Körper eigentlich überhaupt? Existiert hier unter Umständen eine neue Antwort?

Auf der Grundlage der aufgezeigten Analogien – wir erinnern uns nochmals an die „Energieaustauschprozesse" von Teilnehmern in Verkehr und Wirtschaft sowie an die frequenzgesteuerten Laufbänder beim Montageprozess – wollen wir nunmehr die nachfolgende *Bewegungshypothese* ableiten:

Sämtliche Systeme (Teilchen und Körper) im Kosmos bewegen sich grundsätzlich relativ in Zeit und Raum in Abhängigkeit von ihren spezifischen Energiebilanzen unter dem zwangsläufigen Bestreben nach Energieausgleich im Wege des Planckschen Wirkungsquantums.

3. Materiewellen und Ausgleichsenergie

Für den Physiker dürfte unsere vorangegangene *Bewegungshypothese* bereits auf den ersten Blick eine provokative Ungeheuerlichkeit darstellen. Ja, sie erscheint uns als geradezu absurd. Denn muss nicht ausnahmslos unterstellt werden, dass die Plancksche Quantentheorie mit ihrem Wirkungsquantum „h", welches eine winzige Naturkonstante darstellt, immer nur bei mikroskopischen Prozessen Anwendung finden kann und darf? Demgegenüber vermag sie uns für die makroskopische Problematik – wenn wir an die Bewegungsvorgänge von Himmelskörpern und ganzen Sternensystemen denken – nach einhelliger Auffassung in der theoretischen Physik keinerlei generellen Antworten zu liefern. Während uns die Quantenmechanik das Tor zu einem erweiterten Verständnis des Geschehens in die Bereiche des Kleinen und Kleinsten öffnen kann, hat man es bei sämtlichen Körperbewegungen im Makrokosmos mit Größenordnungen von gewaltigen Ausmaßen zu tun. Schnelles Fazit also: Für die Beantwortung der Frage nach dem Urgrund der Bewegung von Gestirnen oder gar von ganzen Sternensystemen hält die Quantentheorie allem Anschein nach wohl keinerlei Angebot für uns bereit. Oder vielleicht doch?

Im Jahre 1923 stellte der junge französische Physiker Louis Victor de Broglie eine der verwegensten Thesen der modernen Physik vor. Er behauptete, dass nicht nur Strahlung über bestimmte Partikeleigenschaften verfügt sondern dass umgekehrt auch materielle Teilchen, wie Elektronen beispielsweise, Welleneigenschaften aufweisen könnten. Er prognostizierte hierbei, dass die Wellenlängen derartiger Teilchen im umgekehrten Verhältnis zu deren Impuls **(m x l/t)** stehen würden. Diese Voraussage wurde zunächst von der Fachwelt auf das Heftigste angefeindet. Doch schon im Jahre 1927 gelang die experimentelle Bestätigung für die so kühne und ungewöhnliche These De Broglies. Nur zwei weitere Jahre später brachte die Theorie der Materiewellen De Broglie den Nobelpreis ein.

Liegt nicht ganz allgemein die Schlussfolgerung nahe, dass jede Art von bewegter Materie im Kosmos immer auch auf einer Frequenz schwingen müsste? Denn was sind Teilchen anderes als die Komponenten von bewegten Körpern? Und warum sollten sich die Welleneigenschaften der Materie bei der Herausbildung von zunehmend größeren Massen in unserem Sonnensystem wie auch im gesamten Kosmos verflüchtigt haben? Wir wollen deshalb im Folgenden die Behauptung wagen, dass dies nicht der Fall ist. Vielmehr gehen wir davon aus, dass sich die Frequenz eines bewegten Teilchens oder Körpers ausnahmslos als das Verhältnis zwischen der Geschwindigkeit (l/t) des jeweiligen Systems und der zurückgelegten Wegstrecke (l) darstellt. Wir erinnern uns dabei noch einmal an den dargestellten Zusammenhang bezüglich der Laufbandgeschwindigkeiten bei der Produktmontage im Wirtschaftsleben. Im Analogieschluss dazu gelangen wir zu folgender These: Die Heranführung von Teilchen oder Körpern, die wir allesamt als „Energiepakete" ansehen wollen, an den Ort eines physikalischen Geschehens vollzieht sich grundsätzlich auf einer identischen Frequenz und damit mit dem Kehrwert der Zeit ($1/t$). Will man dieser Annahme folgen, so wäre nicht von vornherein auszuschließen, dass die Quantentheorie unter Umständen auch ein Angebot für maskroskopische Bewegungsabläufe bereithalten könnte. Bislang ein Sakrileg für jeden Physiker, gewiss! Aber warum eigentlich?

Gehen wir davon aus, dass die theoretische Physik vor allem auf drei wichtigen Messgrößen aufbaut: auf der Masse (**m**), der Länge (**l**) sowie der Zeit (**t**). Besonders Newton, Einstein und De Broglie verknüpften diese Größen in so eleganter Weise. Was vermag uns die Plancksche Theorie, was die genannten Messgrößen anbelangt, dazu zu sagen?

Max Planck gelangen bekanntlich die Entdeckung und der Nachweis, dass Energie in „Paketen", den so genannten Quanten, abgegeben wird, wobei die ausgestrahlte Energiemenge stets proportional zur Frequenz ist. Im Ergebnis ist damit das Produkt aus der Energie (**e**) und der Zeit (**t**) konstant. Dies wird als die Plancksche Konstante „**h**", Einheit der Wirkung oder schlicht als Wirkungsquantum bezeichnet. Somit also:

$$\text{Wirkung} = e \times t \text{ (Energie} \times \text{Zeit)} = \text{konstant (h)}$$

Bemerkenswert ist nun, dass das Plancksche Wirkungsquantum ($h = e \times t$) noch unter einem ganz anderen Namen bekannt ist, nämlich als Drehimpuls: ml^2/t. Wirkungsquantum und Drehimpuls haben also die gleiche Messformel. Dieser Zusammenhang wird in dem so faszinierenden Hauptwerk des Amerikaners Arthur Young („Der kreative Kosmos") besonders herausgestellt. Wir wollen somit also festhalten

$$e \times t = m \, l^2/ t$$

Löst man die Gleichung nach „e" auf, so folgt daraus

$$e = m \, (\, l/t \,)^2$$

Wir erinnern uns nun an unsere vorangegangene *Bewegungshypothese*, die die Behauptung beinhaltet, dass sich sämtliche kosmischen Systeme (Teilchen und Körper) stets relativ in Zeit und Raum in Abhängigkeit von ihren spezifischen Energiebilanzen dergestalt bewegen müssen, dass sie im Wege des Planckschen Wirkungsquantums nach Energieausgleich streben. Das für einen solchen Ausgleich benötigte Energiequantum wollen wir deshalb als *Ausgleichsenergie* bezeichnen. Soweit man die Annahme gelten lassen will, dass sich nicht nur Teilchen sondern auch bewegte Körper immer auch auf einer bestimmten Frequenz und somit mit dem Kehrwert der Zeit bewegen müssen, wobei am Zielort der Bewegung der Energieausgleich hergestellt würde, so könnte die Gleichung zeigen, wie sich die *Ausgleichsenergie* errechnen ließe. Ihr zufolge wäre jeder

Energieausgleichsbetrag **(e)**, *wie er sich am Zielort einer Bewegung ergibt, dem Produkt aus der Masse* **(m)** *und dem Quadrat der jeweiligen Geschwindigkeit* **(l/t)²** *des an einem Ausgleichsgeschehen beteiligten Systems (Teilchen oder Körper) äquivalent.*

Die zunächst recht überraschend anmutenden kosmologischen Implikationen des hier unterstellten Bewegungs- und Energieausgleichsprinzips seien kurz erläutert: Sämtliche Ereignisse im Kosmos kämen stets in der Weise zustande, dass sich die daran beteiligten Teilchen und Körper, die wir im Folgenden prinzipiell als *Systempartner* bezeichnen wollen, im Wege einer gemeinsamen Frequenz aufeinander zubewegten und dabei am Ende ihre Energiebilanzen ausgleichen könnten. Doch wie sollte ihnen dies möglich sein? Müssten hierzu nicht alle Systempartner zunächst einmal in Kommunikation zueinander treten? Würden die unterstellten Energieausgleichsprozesse nicht einen vorherigen Informationsaustausch erforderlich machen? Wird hier nicht unser Weltbild vollkommen auf den Kopf gestellt? Denn wenn die besagten Systempartner zum Zwecke des Energieausgleichs mit dem Kehrwert der Zeit und somit synchron, das heißt zeitgleich, aufeinander Kurs nähmen, was bliebe dann eigentlich noch vom so grundlegenden Kausalitätsprinzip übrig? Schließlich akzeptieren wir alle nahezu uneingeschränkt die Kausalität als die uns gemäße Anschauungsform, weil sie in allem unserer Erfahrungswelt zu entsprechen scheint. Muss nicht prinzpiell jeder Wirkung immer auch eine entsprechende Ursache zeitlich vorausgegangen sein?

4. Das Weltbild der Synchronizität

Synchronizität versus Kausalität

Für Newton existierten bekanntlich Zeit und Raum noch als absolute Größen, die den unveränderlichen Hintergrund der Natur darstellten und als vorgegeben angenommen werden mussten. Einstein verdanken wir dann die Entdeckung, dass insbesondere jede Bewegung, aber auch Raum und Zeit, als relativ zu gelten haben. Als grundlegende und unbestrittene Schlussfolgerung aus der Speziellen Relativitätstheorie gilt vor allem, dass jede Gleichzeitigkeit immer als relativ anzusehen ist.

Insofern hätte Albert Einstein unter Umständen noch den Teil unserer *Bewegungshypothese* akzeptieren können, in dem es heißt, dass *sämtliche Systeme (Teilchen und Körper) sich grundsätzlich relativ in Raum und Zeit bewegen.* Einen regelrechten Aufschrei des Protests hätte bei ihm dann allerdings die Behauptung ausgelöst, dass jedes Energieausgleichsereignis stets synchron zu erfolgen habe – und all dies obendrein auch noch im Wege des Planckschen Wirkungsquantums. Alle Ansätze, die die Allgemeingültigkeit eines „zeitlichen Nacheinanders" von Ursache und Wirkung eingeschränkt hätten, lehnte Einstein zeitlebens kategorisch ab. Ja, er ging sogar noch weiter: Für ihn kam eigentlich nur soetwas wie eine „lokale Kausalität" in Frage. Die Nichtlokalität von miteinander über jede Entfernung hinweg korrelierenden Elementarteilchen beunruhigte ihn zutiefst. Er bezeichnete sie bekanntlich als „spukhafte Fernwirkung". Er wäre betroffen gewesen, wenn er noch hätte miterleben müssen, dass der Physiker John Bell mit seinem nach ihm benannten Theorem den zunächst noch eingeschränkten Nachweis erbrachte, dass nichtlokale spontane Teilchenkorrelationen trotz erheblicher räumlicher Entfernung existieren müssen. Inzwischen gilt die sogenannte *Verschränkung* von Teilchen oder gar von makroskopischen Systemen eigentlich als allgemein akzeptiert. Vor drei Jahrzehnten hatte schließlich das sogenannte Aspect-Experiment den eindeutigen Nachweis erbracht, dass die Möglichkeit der spontanen Wechselwirkung zwischen Elementarteilchen über jede Distanz hinweg als gesicherter physikalischer Tatbestand angesehen werden müsse. Und doch konnte all dies das bis heute vorherrschende Kausalitätsprinzip nicht erschüttern. Man geht also bis in die Gegenwart davon aus, dass das „zeitliche Nacheinander von Ursache und Wirkung" nichts von seiner Gültigkeit eingebüßt hat. Und da selbst im Falle der kosmischen Verschränkung irgendeine Form der Kommunikation oder eines sonstigen Informationsaustausches zwischen simultan korrelierenden Systemen ausgeschlossen werden kann, unterstellt man bis zum heutigen Tage, dass die Ursache für jede Wirkung letzterer grundsätzlich zeitlich vorausgegangen sein muss.

Im Ergebnis: Das Kausalitätsprinzip beherrscht unser Denken nach wie vor – und dies nicht nur in unserer Alltags- und Erfahrungsweltwelt sondern besonders in allen wissenschaftlichen Disziplinen und vornehmlich in der theoretischen Physik. Albert Einstein dürfte weiterhin rundum zufrieden sein. Ein synchroner Energieausgleich im Wege des Wirkungsquantums also eine Absurdität?

Synchroner Energieausgleich

Trotz aller Bedenken, dass unsere Energieausgleichsthese das allgemein gültige Prinzip der Kausalität eklatant zu verletzen scheint, wollen wir unverdrossen unseren Faden weiterspinnen. Und schon könnte uns ein weiterer Umstand irritieren. Bei der bereits vorgestellten Gleichung für die *Ausgleichsenergie*

$$e = m \left(l/t \right)^2$$

sticht nämlich „in geradezu unheimlich anmutender Weise" ins Auge, dass sie der Einsteinschen Masse-Energie-Äquivalenz

$$e = m\ c^2$$

zu ähneln scheint. Was hat es damit für eine Bewandtnis?

Zunächst einmal: Ein einzelnes Ereignis im Kosmos wollen wir stets in der Weise verstehen, dass mindestens zwei Systemkomponenten (Teilchen) oder Systeme (Körper) am selben Ort aufeinander treffen. Oder noch etwas knapper formuliert: Ohne Zusammentreffen kein Ereignis! Wenn wir noch einmal an den zuvor geschilderten Wachstumsprozess einer Pflanze zurückdenken, so sei mittlerweile davon ausgegangen, dass jegliches Bewegungsverhalten der auf einen gemeinsamen Energieausgleichsort zustrebenden Systempartner in der Weise aufeinander abgestimmt sein muss, dass das Verhältnis zwischen Geschwindigkeit und zurückgelegter Wegstrecke grundsätzlich dem Kehrwert der Zeit entspricht. Systempartner realisieren somit immer eine identische Frequenz und der Energieausgleich erfolgt am Ende ihres Weges ebenfalls synchron. Da nun beim Wachstumsprozess einer Pflanze eben nicht nur Mineralien, Kohlendioxid, Wasser etc. sondern vor allem auch das Sonnenlicht mit seiner Geschwindigkeit „c" beteiligt sind, läßt sich eigentlich schließen, dass *jede im Kosmos realisierte Geschwindigkeit im Streben nach Energieausgleich immer auch der Lichtgeschwindigkeit entsprechen muss.*

Kein Zweifel: Eine derart ungewöhnliche Schlussfolgerung dürfte uns im ersten Moment zutiefst verstören! Und doch ergibt sie sich als logische Konsequenz, sobald wir Einsteins *Masse-Energie-Äquivalenz* mit der oben abgeleiteten Formel *für die Ausgleichsenergie* gleichsetzen:

$$e = m\ c^2 = m\ (\ l\ /t\ )^2$$

$$c = l/t$$

Mit dieser Gleichsetzung unterstellen wir, dass die Einsteinsche Äquivalenz von Masse und Energie als die allgemeinste Energieausgleichsbeziehung betrachtet werden darf, die überhaupt vorstellbar ist. Und so ergibt sich auch unter dieser Voraussetzung, dass jede im Kosmos realisierte Geschwindigkeit (l/t) stets der Lichtgeschwindigkeit (c) gleichkommt.

Wie lässt sich eine solche Einsicht insbesondere auch dem Laien – möglichst bildhaft – plausibel machen? Denken wir zunächst noch einmal daran, dass die von uns im Makrokosmos beobachteten Systeme, welche allesamt mit ganz unterschiedlichen Geschwindigkeiten unterwegs sind, der Behauptung unserer Bewegungshypothese zufolge immer ihrem Energieausgleich entgegenstreben. Sie realisieren damit grundsätzlich völlig andere Frequenzen als wir selbst. So ließe sich dann etwa auch verstehen, wie sich Raum und Zeit in unserer Vorstellung herauszubilden scheinen. Die sich in fortwährender Bewegung befindliche Umwelt, bei der ja der Energieausgleich unserer Definition zufolge noch nicht stattgefunden haben kann, vermittelte uns auf diese Weise die Sinneswahrnehmungen von Raum und Zeit. Frequenzunterschiede wären es also, die in unserer Vorstellung die Raumzeit erschaffen könnten. Und da nun einmal sämtliche nur denkbaren Systempartner und dabei eben auch das Licht den „Ruhezustand" des Energieausgleichs in synchroner Verbindung ansteuern, ergibt sich eigentlich zwingend, dass die Bedingung

$$c = l/t$$

zu jeder Zeit erfüllt sein muss.

Noch eine weitere aufschlussreiche Konsequenz könnte aus der Gleichsetzung der Lichtgeschwindigkeit mit allen übrigen Geschwindigkeiten, die wir im Mikro- und Makrokosmos antreffen, resultieren: Raum (l) und Zeit (t) scheinen in einem unauflöslichen Zusammenhang zueinander zu stehen – und zwar immer in Gestalt der Geschwindigkeit (l/t). Einstein gelangte ja bereits zu der Einsicht, dass Raum und Zeit „zwei Größen desselben Etwas" darstellen müssten. Entsprechend konstruierte er dann auch sein Raum-Zeit-Kontinuum, das allerdings die Relativgröße der Geschwindigkeit von Körpern und Teilchen nicht zur Grundlage seines Denkmodells macht.

Sind synchrone Bewegungen, die dazu dienen sollen, dass Systempartner dem Energieausgleich entgegenstreben können, beim Weltgeschehen überhaupt vorstellbar? Ergeben sie irgendeinen Sinn? Was hat es mit dem Phänomen der Synchronizität eigentlich auf sich?

Synchronizität und Psychoenergetik

Newton, Planck, Einstein und De Broglie verdanken wir die so grundlegenden Verknüpfungen der wesentlichsten physikalischen Messgrößen bei ihren Denkmodellen. Was die genannten Physiker für Ihre Fachdisziplin und weit darüber hinaus bedeuten, stellt – in unseren Augen – der Schweizer C.G. Jung für die Bewusstseinsforschung und die mit ihr verbundenen Wissensgebiete dar. In unserem Zusammenhang ist vor allem von Bedeutung, dass C.G. Jung es war, der das Phänomen der Synchronizität wie kein anderer zu beschreiben vermochte und nach Erklärungen für die so merkwürdigen Erscheinungen suchte, die allen bis dahin entdeckten Naturgesetzlichkeiten und vor allem dem Prinzip der Kausalität zu widersprechen schienen.

In seiner so bekannten Abhandlung „Synchronizität als ein Prinzip akausaler Zusammenhänge" legte er den Grundstein für ein sich jetzt unter Umständen eindeutiger herausbildendes neues Weltbild. Durch die psychotherapeutische Praxis C.G. Jungs, seine Beschäftigung mit dem „kollektiven Unbewussten", die Auswertung vielfältiger parapsychologischer Forschungsergebnisse und die Zusammenarbeit mit dem Quantenphysiker Wolfgang Pauli verfestigte sich bei ihm folgender Grundgedanke: Zwischen den geistigen und materiellen Prozessen unserer Welt müssen synchrone Wirkungszusammenhänge existieren, die sich nicht dem zeitlichen Nacheinander des Kausalitätsprinzips zuordnen lassen.

Durch seine Forschungsarbeit sowie in seinen Schriften belegte C.G. Jung in allen Einzelheiten und anhand der unterschiedlichsten Fallbeispiele, dass sich stets aufs Neue „zeitliche Koinzidenzen" von Ereignissen beobachten lassen, die nicht kausal miteinander verbunden sind und uns doch gleichzeitig einen oftmals überraschenden Sinngehalt vermitteln. Vorahnungen, gedankliche Verknüpfungen, Eingebungen und Traumgeschehen – so beobachtete und analysierte Jung recht genau – finden für den „bewussten Beobachter" immer wieder ihre Entsprechung in äußeren Ereignissen der materiellen Welt. Insbesondere das geistige Geschehen, das im Zusammenhang mit Sinn stiftenden Koinzidenzen mit zeitlicher Trennung (Präkognition) wie auch mit räumlicher Distanz (Telepathie) auffällig wird, ordnete C.G. Jung dem in vielerlei Hinsicht so geheimnisvollen Synchronizitätsprinzip zu.

C.G. Jung war es letztlich auch, der bei der Suche nach den Wirkungsgesetzen der Psyche aufdecken konnte, dass jedes beliebige psychische Geschehen auf Gegensätzlichkeiten aufbaut. Über die in der gesamten Natur und ebenso in der Psyche angelegte Polarität, die immer erneut auf Ausgleich drängen muss, wird offensichtlich ein eindeutiges Potenzialgefälle aufgebaut, aus dem sich letztlich jede energetische Bewegung herleitet. Hierbei stehen alle Gegensätzlichkeiten in Jungs Augen in komplementärer oder kompensatorischer Beziehung zueinander. Die Vermittlung der Jungschen Einsicht in die Notwendigkeit sowie in die Wirkungen des *psychoenergetischen Ausgleichs"* zählt sicherlich ebenfalls zu den großen Leistungen des schweizerischen Seelenforschers, Therapeuten und Philosophen.

Bei dem Versuch, für sämtliche von ihm erkannten Synchronizitätsphänomene, seine Psychoenergetik, seine Lehren vom kollektiven Unbewussten sowie von den Archetypen ein psychoenergetisches Denkmodell zu entwickeln stützte er sich vor allem auch auf die Erkenntnisse und Einsichten des Quantenphysikers Pauli, mit dem er unter anderem in regelmäßigem Briefverkehr stand. Wolfgang Pauli hatte das sogenannte Ausschließlichkeitsprinzip entwickelt, welches zum Inhalt hat, dass in der Natur kollektive

Bewegungen existieren, die sich nicht auf Kräfte zurückführen lassen. Das auch nach Pauli selbst benannte Prinzip lässt interessanterweise natürliche Ordnungen zu, die auf akausalen Verknüpfungen basieren. Für die Ermittlung der Hintergründe der von Jung beobachteten Synchronizitätserscheinungen schien deshalb die Arbeit Paulis neue Erklärungen anbieten zu können. Lebenslang hatte sich auch Pauli der Suche nach einer Ordnung verschrieben, die sich nach seiner Überzeugung jenseits des Kausalitätsprinzips und der „statistischen Kausalität", die die Quantenmechanik zur Grundlage ihres Denkens gemacht hatte, verbergen könnte. Er ging insbesondere davon aus, dass zwischen der psychologischen Disposition des Menschen und den Naturerscheinungen ein irgendwie gearteter Zusammenhang existieren müsse. Doch weder ihm noch C.G. Jung sollte am Ende eine Enträtselung der so paradox anmutenden Synchronizitätsphänomene vergönnt sein.

Wäre denkbar, dass ein sich auf das Plancksche Wirkungsquantum stützendes Prinzip des synchronen Energieausgleichs letztlich auch einen Schlüssel für die Enträtselung der Materie-Geist-Problematik anbieten könnte?

5.   Das Kraftfeld des Bewusstseins – die Energiebilanz

Bereits in der Mitte des 19. Jahrhunderts entwickelten die englischen Forscher Faraday und Maxwell den Begriff des elektrischen oder elektromagnetischen Feldes. Ihnen zufolge stellt jedes Kraftfeld eine Art Medium dar, das die Vermittlungsrolle zwischen zwei getrennten Ladungen übernimmt. Dass natürliche Magnetfelder existieren und dass unsere Erde, die übrigen Planeten in unserem Sonnensystem und insbesondere das Zentralgestirn der Sonne selbst von Magnetfeldern umschlossen werden, ist ein seit langer Zeit allgemein akzeptierter Tatbestand.

Etwas schwieriger anzunehmen ist wahrscheinlich der Umstand, dass im Falle der lebendigen Materie gleichfalls entsprechende *Lebensfelder* existieren, bei denen die so wesentliche Vermittlungs- und Ladefunktion zwischen zwei einander entgegengesetzten Polen nicht allein durch die materielle Welt wie im Falle der unbelebten Materie sondern durch ein *„individuelles Bewusstsein"* in aktiver Weise wahrgenommen werden kann. Biophysikalische Messungen, die im mikroskopischen Bereich von lebendigen Zellen die Existenz sogenannter Biophotonen nachweisen und damit die Existenz von Lebensfeldern zu bestätigen scheinen, bleiben wohl nur deshalb bis zum heutigen Tage umstritten, weil sie bislang in unserem traditionellen Weltbild noch keinen rechten Platz finden durften.

Wäre denkbar, dass die unterschiedlichsten Lebewesen auf sämtlichen Ebenen der Evolution ein komplex strukturiertes *Körperfrequenzspektrum* realisieren, das von kleinsten Teilchen über die Atom- und Molekülstrukturen bis hin zu allen lebendigen Zellen und Organen reicht? Könnte der Gesamtkörper eines Lebewesens unter Umständen ebenso eine bestimmte Frequenz verwirklichen, die freilich beständiger Veränderung unterworfen wäre, wenn man sich die so wechselhaften Bewegungen von Lebewesen vor Augen führt? Träfen unsere „Spekulationen" tatsächlich zu, so dürfte in der Folge unsere *Bewegungs- und Energieausgleichshypothese* ebenso im Falle der belebten Materie Erklärungen dafür anbieten, wie sich die körperlichen Prozesse in der Innnenwelt von Lebewesen weitergehend deuten ließen. Es würde dabei unterstellt, dass sich sich das Zusammenspiel der an sämtlichen körperlichen Vorgängen beteiligten Zellen und Organe im Wege synchroner Quantenprozesse gestalten könnte, die auf den Energieausgleich gerichtet wären. Was schließlich die Bewegungen von Lebewesen in der Außenwelt anbelangt, könnten im Falle der Bestätigung eines auf den Energieausgleich gerichteten Naturprinzips ebenfalls völlig neue Einsichten resultieren.

Stellen wir uns vor, dass das gesamte Universum von der Urenergie des Lichts durchdrungen ist, die wir – an dieser Stelle zunächst einmal ohne eingehendere Prüfung – als „Bewusstseinsenergie" bezeichnen wollen. Nehmen wir einfach an, dass es sich bei der Evolution des Lebens um einen Prozess handeln könnte, durch den zunächst Unbewusstes in zunehmend Bewusstes transformiert zu werden vermag. Von einer höheren Evolutionsstufe aus betrachtet bildete dann auch das im Ursprung noch Unbewusste Teil des Bewusstseins. Unter dieser Voraussetzung machte es durchaus Sinn, dem Licht tatsächlich den Charakter einer „Bewusstseinsenergie" zuzuordnen. Die Darstellung dessen, was man sich aus der Sicht eines Physikers exakt unter dem Bewusstsein vorstellen könnte und welche materiellen Wirkungen das Bewusstsein gegebenenfalls zu entfalten vermag, ist damit bei weitem noch nicht abgeschlossen. Erst im Verlaufe unserer Untersuchung wird es möglich sein, mehr Licht in dieses „physikalische Dunkel" zu bringen.

Vorab sei allerdings hier schon folgende Feststellung gewagt: Der *unbelebten Materie* schreiben wir, wie in etwa schon anklang, ein *passives Bewusstsein* zu. Sie kann immer nur durch die energetischen Wirkungen, die aus ganz anderen Feldern herrühren, beeinflusst und verändert werden. So steht sie dann auch im Mittelpunkt des wissenschaftlichen Interesses der Physik. Bei der *belebten Materie* lässt sich ein *aktives Bewusstsein* erkennen, da sie über die Fähigkeit verfügt, völlig selbständig und im Wege eigener Bewegung ohne weiteren Fremdanstoß für den Energieausgleich

Sorge zu tragen. Lebewesen vermögen somit, wenn man uns in dieser Auffassung folgen will, über ihr Bewusstsein unterschiedliche energetische Einflüsse auszuüben. Eine solche Einflussnahme kann sowohl auf die eigene Innenwelt als auch auf die Außenwelt gerichtet ist.

Um an dieser Stelle nicht auf die vielfältigen Vorbehalte der wissenschaftlichen Bewusstseinsforschung gegenüber unseren Thesen in aller Breite eingehen zu müssen, bedarf es einer ganz wesentlichen Klarstellung: Das Bewusstsein von Lebewesen setzt – nach unserer Einschätzung – keinerlei irgendwie gearteten Gehirnaktivitäten voraus. Die Gehirntätigkeiten von Lebewesen und besonders des menschlichen Individuums ermöglichen es dann allerdings, dass sich „das Bewusstsein des eigenen Bewusstseins am Ende seiner selbst bewusst zu werden vermag." Inwieweit das Potenzial zur Bewusstwerdung ausgeschöpft werden kann, ist in unseren Augen eine Frage der erreichten Evolutionsstufe des jeweiligen Individuums. Bei den Prozessen der Bewusstwerdung von Lebewesen scheint der Gehirnaktivität die Funktion zuzufallen, die – über frequenzabhängige Quantenprozesse – aufgenommenen Sinneswahrnehmungen auszuwerten und die auf diese Weise gewonnenen Erfahrungen bei allen weiteren Energieausgleichsbestrebungen nutzbringend einzusetzen. Das *Gehirn* von Lebewesen verfügt hierbei über einen regelrechten *Weltbildapparat*. Entsprechend ihrer Evolutionsstufe realisieren dabei verschiedene Lebewesen jeweils völlig unterschiedliche Weltbilder. Der moderne Mensch stützt sich soetwa bei seiner Weltanschauung auf das Kausalitätsprinzip.

Wem der hier vorgestellte Bewusstseinsbegriff als zu oberflächlich, zweideutig oder zu umstritten erscheint, der ersetze ihn zunächst einfach einmal durch den physikalischen Begriff des Kraftfelds. Nun wird man sich vielleicht entsinnen, dass unsere ursprüngliche *Bewegungshypothese* postuliert, dass sämtliche kosmischen Systeme stets im Bestreben nach Ausgleich ihrer *spezifischen Energiebilanzen* unterwegs sind. Warum taucht hier ganz unvermittelt der dem ökonomischen Bereich entlehnte Begriff der Bilanz auf? In welcher Beziehung steht er zum Kraftfeld?

Sicherlich ist auch dem Naturwissenschaftler bewusst, dass ein Kraftfeld stets polar angelegte Kräfte umfasst. Aber ist ihm auch klar, dass jeder Überschuss wie auch jedes Defizit eines Kraftfeldes am Ende stets ausgeglichen werden muss – und dies im Wege einer Wirkung?! Grundsätzlich kommen dann bei jeglichem Geschehen immer auch „Systempartner" ins Spiel. Denn irgendwie und irgendwo müssen ja die besagten Überschüsse oder auch Defizite ihren Niederschlag finden. Zu deren Erfassung eignet sich die *„Energiebilanz"* in ganz besonderem Maße. Es verbirgt sich nämlich hinter dem *Bilanzdenken* mit seiner *doppelten Buchführung*, bei der sowohl ein Aktiv- als auch ein entsprechendes Passivkonto gleichzeitig „angesprochen" werden, ein umfassendes *synchrones Prinzip*. Eine Bilanz ist der quantitative Ausdruck für die Tatsache, dass jegliches Geschehen für die beteiligten Systempartner sowohl einen aktiven als auch ein passiven Aspekt hat. Man mache sich bewusst, dass wir von der Ökonomie her wissen, dass im wirtschaftlichen Bereich Angebot und Nachfrage fortwährend aufeinander *einwirken,* letztlich immer einem neuen *Gleichgewicht* entgegenstreben müssen und sämtliche Kunden- und Lieferantenkonten stets auszugleichen sind. Und sollte dieser Ausgleich tatsächlich nicht mehr erfolgen können, so *bewirkt* dies am Ende regelmäßig den *Zerfall* des betreffenden Defizitsystems oder seine *Absorption*, d.h. die Übernahme durch ein anderes System. Aus all diesen Gründen halten wir den Begriff der Energiebilanz für besonders geeignet, um die sich aus einem Kraftfeld ableitenden und polar angelegten Potenziale – auch quantitativ – zu erfassen.

Ob die geschilderten Zusammenhänge, die im ökonomischen Bereich gelten, unter Umständen auch das Geschehen bei den übrigen Formationsprozessen in der Natur bestimmen könnten, ist die Fragestellung, der wir uns jetzt zuwenden wollen. Von welchen physikalischen Bedingungen wäre auszugehen, damit sich jegliches Geschehen im Mikro- wie auch im Makrokosmos synchron und im Wege eines quantentheoretisch verursachten Energieausgleichs vollziehen könnte?

Das wahre Wesen der Zeit

Gehen wir davon aus, dass synchron geschaffene Elementarteilchen sich in schier endloser Folge zu immer neuen Teilchen und schließlich zu Atomen und Molekülen vereinigen – und dies in jedem Einzelfall mit dem „Kehrwert ihrer jeweiligen Zeit". Fortwährend wird hierbei neue Masse angereichert bis sich schließlich, was den Makrokosmos anbelangt, Myriaden von Galaxien und Sternensystemen mit all ihren Himmelskörpern formiert haben. Bei jedem Einzelprozess kann sich das Geschehen nur dadurch zeitgleich vollziehen, dass die sich herausbildenden und zunehmend massereicheren Systeme ihre Frequenz fortlaufend verringern, um dann in der Folge erneut mit neuen Systempartnern synchron zusammenzufinden. Es bildet sich so immer weitergehend eine *„Ereigniskette"* im engen Verbund mit fortlaufender *„Raumexpansion"* heraus. Wenn wir die einzelnen Glieder dieser Ereigniskette in ihrer Aufeinanderfolge betrachten, so suggerieren sie dem Augenschein, dass immer in der Vergangenheit gründende Ursachen das gegenwärtige oder zukünftig noch zu erwartende Geschehen bewirken. Doch ist dem wirklich so?

Tatsächlich machen es die fortwährenden synchronen Formationsprozesse der Masseanreicherung im Kosmos bei einer damit einhergehenden Verringerung der Frequenz erforderlich, dass sich unser Verständnis vom tatsächlichen Wesen der Zeit grundlegend wandeln muss. Denn alle sich herausbildenden Einzelsysteme erschaffen in einer gewissen Weise ihre eigene Zeit wie auch ihren eigenen Raum selbst. Sobald sie dann aber in ein größeres System Eingang gefunden haben, gehen ihre Lebenszeit sowie ihr ursprünglicher Lebensraum wieder unter. Wir dürfen deshalb davon ausgehen, dass sich bei jedem kosmischen System eine *systemspezifische Lebenszeit* im Verein mit einem *systemspezifischen Lebensraum* herausbildet. Beide sind keinesfalls mit dem zu verwechseln, was wir gemeinhin unter Zeit und Raum verstehen.

Wenn wir in unserer Alltagswelt von der Zeit sprechen, so meinen wir immer nur die Zeitspanne, die auf unserer Erde in ihrem Bezug zur Sonne zum Maßstab geworden ist und die wir durch Uhren messen können – also Sekunde, Minute, Stunde, Tag, Jahr. Die durch die Uhr ermittelte Zeit stellt grundsätzlich nur die systemspezifische Zeit der Erde in Bezug auf die Sonne dar, mit der unser Planet in einer festen Energieausgleichsbeziehung zu stehen scheint, die wir ebenfalls als synchrone Wirkung und nicht als kausale Kraft verstehen müssen. Dazu erst später mehr.

Hier interessiert uns zunächst noch, was es mit der Zeit auf sich hat. Wie auch unsere Erde in ihrem Bezug zur Sonne eine bestimmte und letztlich begrenzte „systemspezifische Lebenszeit" durchläuft, realisieren sämtliche Lebewesen und insbesondere ebenso wir Menschen allesamt unsere ureigene und damit systemspezifische Zeit. Unsere jeweilige Biographie darf man folglich als „persönliche Ereigniskette" ansehen. Dass die einzelnen Glieder dieser Kette synchron und ebenfalls im Wege des quantentheoretischen Energieausgleichs geschaffen werden, wird vor allem daran deutlich, dass wir zu keiner Zeit in der Vergangenheit oder gar in der Zukunft sondern immer nur in der Gegenwart leben können. *Alles geschieht somit für jedes nur denkbare System grundsätzlich im Hier und Jetzt.*

Die Antriebsrolle der Feinstrukturkonstante

Die vorangegangenen „Spekulationen" über die vermutlichen Zusammenhänge bei den kosmischen Formationsprozessen ließen die Frage offen, wie sich die geschilderten Abläufe im Einzelnen vollziehen können. Was sorgt denn nun tatsächlich für den eigentlichen Antrieb und die so genaue Steuerung der Prozesse? Die vier bekannten Grundkräfte der Physik bieten uns bislang wenigstens keine wirkliche Erklärung an. Und so vermag letztlich auch die Quantenmechanik bis heute nichts Genaueres beizusteuern, da sie sich bislang von ihrem vermeintlichen „Prinzip der Unbestimmheit" nicht trennen konnte, soetwas wie eine „statistische Kausalität" unterstellt und die prinzipielle Zweckbestimmtheit aller natürlichen Prozesse in nur sehr engen Grenzen zu erkennen vermag. Dahingegen spricht nun jedoch unsere *Bewegungshypothese* vom *„Ausgleich der Energiebilanzen"* bei den zu beobachtenden Bewegungen in der Natur, sagt jedoch noch nichts Genaueres dazu aus, wie wir uns das Antriebs- und Steuerungsprinzip der in Bewegung befindlichen Systeme vorstellen könnten. Nur wenn es uns gelingt, darüber mehr in Erfahrung zu bringen, lassen sich am Ende auch die Organisationsprozesse im Kosmos weitergehend entschlüsseln und verstehen.

Mittlerweile wissen wir bereits, dass im Wege der sogenannten Verschränkung im Kosmos eine spontane Wechselwirkung zwischen räumlich getrennten Systemen möglich ist. Diese Wechselwirkung verletzt nach herkömmlicher Vorstellung das Kausalitätsprinzip deshalb nicht, da sie zu keiner Zeit einen Informationsaustausch zwischen den miteinander korrelierenden Systemen gestattet. Wie jedoch sollte es dann denkbar sein, dass sich die verschiedenen Systeme im Makrokosmos so ganz ohne eine weitergehende Kommunikation oder irgendeinen Informationsaustausch, ohne eine mögliche Fernübertragung und ohne die Existenz spezifischer „Empfangseinrichtungen" in Bewegung setzen können, dabei Kurs aufeinander nehmen, um am Ende ihres Weges zusammenzufinden und die ihnen zugedachte Energieausgleichsfunktion zu erfüllen?

Kommen wir in dieser Frage zunächst noch einmal auf den Quantenphysiker Pauli zurück. Bei seiner rastlosen Suche nach einem psychoenergetischen Denkmodell beschäftigte ihn in ganz besonderem Maße und über mehr als zwei Jahrzehnte hinweg bis zu seinem Tode das so geheimnisvolle Rätsel um die sogenannte *Feinstrukturkonstante.* Auch viele andere Forscher, bei denen sich nicht selten eine gewisse Neigung zur Mystik offenbarte, wie beispielsweise auch der große englische Astronom und Physiker Arthur Eddington, suchten mit zunehmender Verzweiflung nach einer überzeugenden Antwort, was es mit der Feinstrukturkonstante auf sich haben könne. Ihr vollständiges Geheimnis hat die Feinstrukturkonstante auch heute noch nicht preisgegeben. Man geht allein davon aus, dass sie im Mikrokosmos die Rate für die Lichtemission bei physikalischen Prozessen sowie die Stärke der abstoßenden und anziehenden Kräfte zwischen elektrisch geladenen Teilchen bestimmt.

Wir selbst wollen nunmehr folgende Vermutung wagen: Die durch Photonen im frühen Evolutionsverlauf gebildeten Nuklearteilchen (Protonen und Elektronen) verfügen bereits über Masse und Ladung. Doch nicht die gesamte *Aktivität des Lichts* – nämlich des *Drehimpulses* – wird zur Masse verdichtet. Tatsächlich bleibt ein Teil – nämlich **1/137** – ungebunden, wird also nicht in Masse umgesetzt und wird deshalb wohl auch als *Feinstrukturkonstante* bezeichnet. Und nun ein spekulativer Gedanke: Der Anteil von ungebundener Lichtaktivität in der Ausprägung des Drehimpulses, wie wir ihn in jeglicher Materie vorfinden, könnte dafür Sorge tragen, dass Massen sich überhaupt in Bewegung setzen können und sich dann jeweils – im Bestreben nach Energieausgleich – einen Systempartner suchen, der der eigenen Frequenz entspricht. Die Feinstrukturkonstante würde in diesem Fall ein regelrechtes „Antriebssystem" bereitstellen. Und dies eben nicht nur im Mikrokosmos sondern primär ebenso in dem Fall, dass wir es mit makroskopischen Systemen zu tun haben, die Massen von ungeheurer Größenordnung angereichert haben!

Die mit dem Drehimpuls ausgestattete Feinstrukturkonstante würde es dann ermöglichen, dass allen homogenen Massen im Kosmos immer auch der sogenannte „spin" (Drall) mit auf den Weg gegeben würde. Sämtliche Rotationsbewegungen, wie sie sich überall im Kosmos – insbesondere auch auf unserem Planeten – beobachten lassen, fänden dann auf diese Weise eine überzeugendere Erklärung als sie bislang existierte. Denken wir nunmehr vor allem noch einmal an das *Plancksche Wirkungsquantum* zurück, dessen *Messformel mit der für den Drehimpuls in der Mechanik – m l²/t – identisch* ist, wie wir es eingangs herausstellten. Dieser Umstand im Verein mit der von uns vermuteten Funktion der Feinstrukturkonstante dürfte uns einen bedeutsamen Hinweis geben, in welcher Weise kosmische Massen bewegt werden könnten, um am Ende in der

Lage zu sein, die „Energiepakete" des Wirkungsquantums im Wege des Energieaugleichs auszuliefern.

Bis zu einem gewissen Grad erfahren unsere Spekulationen eine indirekte Bestätigung durch die schon heutzutage als gültig erachteten Zusammenhänge im mikroskopischen Bereich. Es sei noch einmal darauf verwiesen, dass gemäß der in der Gegenwart herrschenden Lehre die Feinstrukturkonstante für die anziehenden und abstoßenden Kräfte zwischen elektrisch geladenen Teilchen wie auch für die Lichtemission verantwortlich gemacht wird. Man billigt ihr somit eine für den Bewegungsantrieb und die Energieübermittlung geeignete Aufgabe im Mikrokosmos zu. Die Übertragung der geschilderten Funktionen auf makroskopische Zusammenhänge bedarf allerdings noch ihrer Bestätigung. Sobald letztere erfolgen würde, könnte sich die Erkenntnis durchsetzen, dass wir der noch recht geheimnisvollen Feinstrukturkonstante die entscheidende Antriebsrolle bei allen kosmischen Formationsprozessen verdanken.

Wir sind mit unseren theoretischen Spekulationen noch nicht ganz am Ende. Denn eine Frage bleibt noch offen: Dass die Feinstrukturkonstante für den „Antrieb" bei den natürlichen Prozessen der Selbstorganisation sorgen könnte, wird unter Umständen bald nicht mehr von der Hand zu weisen sein. Doch wie ist die so zielgenaue „Steuerung" beim Auffinden der jeweiligen Systempartner überhaupt vorstellbar? Hierzu zunächst eine Gegenüberstellung, die dem so faszinierenden Werk („Der kreative Kosmos") des schon erwähnten Arthur Young entnommen wurde:

Die Welt des Lichts	Die Welt der Materie
Zeit, Raum, Ladung und Masse inexistent	Zeit, Raum, Ladung, Masse existieren
Die Energie nimmt mit Verringerung der Größe (Wellenlänge) zu	Die Energie nimmt mit Verringerung der Größe (Masse) ab
Die Geschwindigkeit ist konstant; es gibt keine Ruhe	Jede beliebige Geschwindigkeit kleiner als die Lichtgeschwindigkeit ist möglich

Worauf es uns ankommt: Man bedenke die so einzigartige Rolle des Lichts! Licht kennt weder Zeit noch Raum. Und genau deshalb weiß es ganz genau, wo es auf schnellstem und kürzestem Wege hinzugehen hat – nämlich dorthin, wo es von einem Systempartner, der auf derselben Frequenz schwingt, zum Zwecke des Energieausgleichs abgerufen wird. Über die Feinstrukturkonstante könnte dabei jede beliebige Masse mitgeführt werden. Einzige Bedingung: Die Frequenz muss stimmen! Wenn dem wirklich so ist, ließe sich sagen: *Alles ist ganz einfach – da das Licht weder Zeit noch Raum kennt, wirkt es grundsätzlich synchron und immer im Hier und Jetzt!*

Selbst-Organisation

Die physikalischen Grundlagen für das Bewusstsein, die einigermaßen abstrakt erscheinen mögen, sollen nun anhand der Selbstorganisationsprozesse überprüft werden, die sich auf der Erde beobachten lassen. Hierbei klammern wir den den Bereich der unbelebten Materie aus, verweisen aber auf die geschilderten Abläufe bei den synchronen Formationsprozessen von zunehmend größeren Anhäufungen von Materie im Universum. Mittlerweile hat die unbelebte Materie auf unserem Planeten im Verlauf der Evolution einen recht stabilen Zustand erreicht, was auf relativ ausgeglichene Energiebilanzverhältnisse schließen lässt. In unserer unmittelbaren Gegenwart mag eine solche Aussage angesichts der sich zuspitzenden ökologischen Problematik unter Umständen nicht ganz zutreffend erscheinen. Derzeit sind sicherlich oftmals abruptere und bislang weitgehend unerklärliche Bewegungen der Erdmaterie in vielen Regionen des Planeten zu konstatieren. Wir dürfen daraus folgern, dass unser Globus eine Entwicklungsphase mit gesteigerter Aktivität durchläuft, in der ein neues Gleichgewicht angestrebt zu werden scheint. Wirken hier ebenfalls bewusstseinsenergetische Zusammenhänge? Auch auf diese Frage werden wir an späterer Stelle zurückkommen müssen.

Wenden wir uns hier also zunächst der belebten Materie zu: Welche Rolle spielt der Energieausgleich bei den selbstorganisatorischen Prozessen aller lebendigen Systeme? *Lebewesen* verfügen, wie wir zuvor ausführten, über ein *aktives Bewusstsein.* Sie sind damit gegenüber der *unbelebten Materie,* die ein *passives Bewusstsein* realisiert, im Vorteil. Sie bedürfen nämlich keines Anstoßes von außen, um sich selbständig zu bewegen. Bei einer Blume, die ihre Blütenblätter im Energieausgleichsprozess öffnen und schließen kann, lässt sich bereits im Ansatz beobachten, dass ein aktives Bewusstsein immer auch die so erstaunliche Fähigkeit zu eigenständiger Bewegung schafft. Es kommt des Weiteren hinzu: Alle Lebewesen vermögen selbständig zu entscheiden, in welche Richtung sie die von ihnen absorbierten Lebensenergien zu lenken gedenken. Im Regelfall können sie letztere transformieren, um schließlich auch ihrer Umwelt entsprechende Überschüsse im Wege des Energieausgleichs zur Verfügung zu stellen.

Bislang schenkten alle wissenschaftlichen Disziplinen dem Tatbestand recht wenig Beachtung, dass insbesondere das menschliche Individuum dazu in der Lage ist, kreative Energien sowohl nach außen als auch nach innen abzugeben. Es kann damit allerdings nur so lange fortfahren, wie es umgekehrt von seinen Systempartnern in ausreichendem Maße entsprechende Lebensenergien zur Verfügung gestellt bekommt, mittels derer sich die Energiebilanzen seiner Innen- und Außenwelt zum Ausgleich bringen lassen. Gelingt diese Kompensation innerhalb der eigenen Körperwelt sowie in der Beziehung zur Umwelt, und ist die Voraussetzung erfüllt, dass der Austausch aller Energien auf „Freiwilligkeit" beruht, dürfen wir nach unserer Auffassung in allen Fällen von *Selbstorganisation* sprechen. Für die selbstorganisatorischen Prozesse ist kennzeichnend, dass jede beliebige Zusammenführung der Systempartner und der Austausch von „Energiepaketen" im Wege der Planckschen Wirkung über eine identische Frequenz synchron erfolgen. Die jeweilige Ausgleichsenergie errechnet sich dann gemäß unserer Formel

$$e = m \left(l/t \right)^2$$

Der *Energieausgleichsbetrag (e)* des an einem Prozess teilnehmenden Partners entspricht somit dem Produkt aus der jeweiligen Masse *(m)* und dem Quadrat der spezifischen Geschwindigkeit *(l/t)²* bei dem sich vollziehenden Ablauf. Prinzipiell geht die sich so ergebende *Ausgleichsenergie* aus der Energiebilanz eines Systems hervor, in der sich zuvor ein energetischer Überschuss aufbauen ließ. Sie muss dabei vom Prinzip her dem Energiedefizit entsprechen, das ein sich an anderer Stelle befindliches Partnersystem ausweist. Das *Überschuss-System* darf hierbei als „*Sender*" angesehen werden. Umgekehrt fungiert das *Defizit-System* als „*Empfänger*". Alle natürlichen Wachstumsprozesse führen uns recht bildhaft vor Augen, wie sich die Abläufe bei der natürlichen Selbstorganisation vollziehen. Wäre es tatsächlich so, wie wir es hier schildern, so ließe sich zusammenfassend sagen:

Bei den beschriebenen Prozessen haben wir es mit Vorgängen zu tun, die uns das *komplementäre Prinzip der natürlichen Selbstorganisation* erkennen lassen. Dadurch dass Systeme entsprechende Lebensenergien exakt in dem Umfang zur Verfügung stellen, wie sie an anderer Stelle benötigt werden, wird jeder kreative Formationsprozess im Kosmos überhaupt möglich. Entstehung, Existenz und Erweiterung der Lebensformen im Kosmos setzen also immer voraus, dass von irgendeiner Seite her die hierfür notwendigen Energien im Wege des Energieausgleichs übertragen werden. Jeder beliebige Ausgleich wird dabei über eine gemeinsame Lichtfrequenz synchron organisiert.

Nun dürfte man unter Umständen einwenden, dass wir sicherlich den Begriff der *Selbstorganisation* hier doch recht eng fassen, wenn wir bei ihr zur Voraussetzung machen, dass sie das vorgenannte Kriterium der „Freiwilligkeit beim Ausgleich" erfüllen soll. Wo in der Natur finden wir schließlich derart ideale Verhältnisse vor? Wenn wir allein an die Tierwelt denken und hierbei in allererster Linie an das Energieausgleichsverhalten von Raubtieren, so wird unmittelbar offensichtlich, dass letztere fortwährend auf „Energieraub" aus sind und nur begrenzte kreative Energien bestenfalls ihrer Nachkommenschaft und einem geringeren Teil ihrer Artgenossen zur Verfügung stellen. Beim Bewegungsverhalten in der Tierwelt erfolgt also der Energieausgleich in der Regel im Zwangswege. Doch auch hier wird er über eine identische Frequenz der Systempartner synchron organisiert und dabei vom Prinzip her über jede Entfernung hinweg. So wenigstens wollen wir es mittlerweile betrachten, wenn wir vor allem auch an die ausgeprägten Migrationsbewegungen von Lebewesen bei der Nahrungssuche denken. Alles spricht dafür, dass sie nicht etwa willkürlich verlaufen sondern dass wir tatsächlich von quantentheoretischen Zusammenhängen auszugehen haben.

Bei dem soeben geschilderten Organisationsprozess des „Energieraubes", bei dem sich offensichtlich ein Naturprinzip zeigt, das wir gemeinhin mit „Fressen und Gefressenwerden" beschreiben, ziehen wir es aus guten Gründen vor, nicht mehr von Selbstorganisation zu sprechen. Denn dabei lassen sich Abläufe erkennen, die beim Energieausgleich auf „Zerstörung und Tod" gerichtet sind. Da sie den gesamten Verlauf der Evolution auf der Erde und vor allem die Menschheitsgeschichte entscheidend bestimmt haben und weiterhin bestimmen werden, tun wir gut daran, sie von der Selbstorganistion abzugrenzen und seine bewusstseinsenergetischen Wirkungen getrennt zu untersuchen.

Ego-Organisation

Das Bewusstsein vermag, wie jetzt zunehmend erkennbar wird, grundsätzlich in zwei einander entgegengesetzte Richtungen zu wirken. In seinem Ursprung ist dies darauf zurückzuführen, dass ein Kraftfeld jeweils zwei getrennte Pole umschließt. Die jedes Kraftfeld kennzeichnende Polarität von „positiv" und „negativ" kennen wir jedoch ebenso von anderen Fachdisziplinen her, die bis heute vermeintlich mit der theoretischen Physik nichts gemein haben. Aus dem Bereich der Ökonomie übernahmen wir – es wurde zuvor begründet – den Begriff der Energiebilanz, bei der das polar angelegte Spannungsverhältnis eines wirtschaftlichen Geschehens in der

Bilanz auf der Aktivseite zum einen und auf der Passivseite zum anderen seinen Niederschlag findet. Für die Gegensätzlichkeit von Gesundheit und Krankheit dürfte sich dann vor allem der Mediziner interessieren. Ein Religionswissenschaftler wiederum hat schließlich vielleicht die Gegensätzlichkeit von „gut" und „böse" im Blick. Welches Spannungsverhältnis wäre es nun, das von der Psychologie in den Mittelpunkt ihres Interesses zu rücken wäre?

Wir wollen auch in dieser Frage C.G. Jung folgen, der die Gegensätzlichkeit beim psychischen Geschehen klar erkannte und in der Folge die Polarität von *Ego* und *Selbst* herausstellte. Ego und Selbst bilden bei sämtlichen Lebewesen und insbesondere beim Menschen ein Kraftfeld, das – entsprechend unserer Terminologie – in der Energiebilanz seinen quantitativen Ausdruck findet. Wie wir vom Wortbegriff des *Egoismus* her wissen, konzentrieren sich im *Ego-Pol* die Kräfte, die ausschließlich auf das eigene Lebensinteresse ausgerichtet sind. Das Ego des Individuums mobilisiert damit grundsätzlich *Negativenergien*, die wir mit *Ego-Energien* gleichsetzen. Dagegen müssen wir unterstellen, dass der *Selbst-Pol* für die *Positivenergien* des Individuums steht, die wir deshalb auch *Selbst-Energien* nennen wollen und die vor allem auch die Bedürfnisse der Mitwelt im Auge haben. Im Bereich der menschlichen Gesellschaft sprechen wir auch vom *Altruismus*, wenn wir verdeutlichen möchten, dass Individuen positive Selbst-Energien mobilisieren, die auf das Wohl ihrer Mitmenschen gerichtet sind.

Von wesentlicher Bedeutung ist nun: Alle positiven Selbst-Energien wirken prinzipiell kreativ-konstruktiv und schaffen damit fortwährend neues Leben. Dagegen bringen Ego-Energien zunächst einmal ohne jede Ausnahme Zerstörung und Tod in die Welt. Weiterhin sei noch einmal darauf verwiesen, dass sämtliche polaren Energien ihre Wirkungen sowohl nach innen als auch nach außen zu entfalten vermögen. Entsprechend positive und/oder negative Effekte zeichnen sich dann in der Innen- und Außenwelt von Individuen ab. Nur wenn sich positiv-kreative und negativ-destruktive Energien die Waage halten, also die Energiebilanz ihren Ausgleich und damit einen „Ruhezustand" realisiert, können sich aus ihr auch keine energetischen Wirkungen mehr ableiten.

Alles spricht dafür, dass der zu beobachtende Abstimmungsprozess zwischen Ego- und Selbstenergien über das Bewusstsein erfolgt und somit das Individuum auf die *„Ladeprozesse" des eigenen Kraftfelds* aktiv Einfluss nehmen kann. Ein Physiker hätte diese erstaunliche Fähigkeit so einzuordnen, dass jedes Individualbewusstsein über das Vermögen verfügt, eine *Polarisation* bei den absorbierten Lichtenergien vorzunehmen. Als Folge davon würden die Energiebilanzen mit entsprechenden Positiv- und Negativenergien aufgeladen. Im Evolutionsverlauf dürfte sich schließlich – in Übereinstimmung mit der jeweiligen Entwicklungsebene – ein überaus differenziertes Frequenzspektrum herausgebildet haben, das spiegelbildlich immer dem *Körperfrequenzspektrum* entsprechen muss, von dem bereits an früherer Stelle die Rede war.

Bei den bewusstseinsenergetischen Ladeprozessen kommt es vermutlich zu mannigfaltigen Rückkopplungseffekten folgender Art: Die über sämtliche Sinne erfassten Wahrnehmungen aus der uns umgebenden Außenwelt werden bei höher entwickelten Lebewesen und so insbesondere beim Menschen über entsprechende Gehirnaktivitäten auf der Basis der individuellen Weltbilder ausgewertet. Bei diesen Prozessen werden sie in entsprechende Positiv- bzw. Negativenergien transformiert, die die verschiedensten Frequenzen realisieren und folglich auf die eigene Innenwelt rückwirken. Aus dem Zusammenwirken mit der inneren Welt der Zellen und Organe, bildet sich dann das heraus, was wir gemeinhin mit „Emotionalität" bezeichnen, tatsächlich aber nicht anderes sein dürfte als das Potenzial der Energiebilanz, das auf Energieausgleich im Wege der Planckschen Wirkung drängt. Im Wortsinn der Emotionalität deutet sich ja bereits an, dass es die Gefühlswelt von Individuen ist, die zur Bewegung führt. Warum sollte sich hinter jeder Emotionalität als Bewegungsmotiv nicht doch ein quantitatives Naturgesetz verbergen, wie es deutlich erkennbar wird, wenn man zu einem neuen Verständnis der Quantentheorie gelangt?

Etwas konkreter nunmehr, was die zu konstatierenden Vorgänge bei der Ego-Organisation anbelangt: Vorbedingung für jeden Zusammenführungsprozess ist auch hierbei – ganz wie bei der Selbst-Organisation –, dass Systempartner eine identische Frequenz realisieren. Sobald dann über das Bewusstsein bei den betreffenden Systempartnern Zeitgleichheit hergestellt ist, kann ein über die Bewegung herbeigeführter Energieausgleich erfolgen, der sich nun allerdings vom Ergebnis her völlig anders als im Falle der Selbst-Organisation darstellt. Wohingegen bei selbstorganisatorischen Prozessen die zueinander findenden Partner in eine freiwillig erfolgende Energieaustauschbeziehung eintreten und dabei eine mehr oder weniger feste Bindung realisieren, erfolgt der ego-organisatorische Ausgleich stets im Zwangswege. Es treffen dann zeitgleich zwei Ego-Partner aufeinander, die das Bestreben kennzeichnet, dem jeweils anderen System Lebensenergien zu rauben oder das „alter ego" sogar ganz zu zerstören und sich gegebenenfalls einzuverleiben.

Wir sollten hier an das vorerwähnte Raubtierverhalten zurückdenken, das uns das ego-organisatorische Prinzip ganz besonders bildhaft vor Augen führt. In nicht ganz so beeindruckender Weise spricht jedoch auch das Konsumverhalten des Menschen für die Destruktivität, die hinter negativen Ego-Energien stehen. Immer muss irgendein anderes System beschädigt, verletzt, zerstört oder gar „gefressen" werden, wenn sich aus der Energiebilanz eines Lebewesens ein *„bewusstseinsenergetischer Kathodenstrahl"* ableitet. Es kommt dabei in allen Fällen zum Energieausgleich, wobei sich die Ausgleichsenergie gleichfalls wie folgt errechnet:

$$e = m \left(l/t \right)^2$$

Bewusstseinsenergetische Evolution

Wir wollen uns die eingangs postulierte *Bewegungshypothese* noch einmal in Erinnerung rufen:

Sämtliche Systeme (Teilchen und Körper) im Kosmos bewegen sich grund-
sätzlich relativ in Zeit und Raum in Abhängigkeit von ihren spezifischen
Energiebilanzen unter dem zwangsläufigen Bestreben nach Energieausgleich
im Wege des Planckschen Wirkungsquantums.

Recht deutlich lassen sich jetzt zwei natürliche Ordnungsprinzipien erkennen, mittels derer sich der Energieausgleich im Wege der Planckschen
Wirkung vollziehen kann. Im Falle der Selbst-Organisation wird die energetische Kompensation bei sämtlichen kosmischen Systemen in der Weise
realisiert, dass die sich aus der Energiebilanz herleitenden Überschüsse,
die wir inzwischen als positiv-kreativ wirkende Selbst-Energien ansehen
dürfen, einem anderen System „freiwillig" zur Verfügung gestellt werden.
Bei dieser Konstellation treten Systempartner in konstruktiver Weise in
Energieaustauschbeziehungen ein und formieren sich in einer mehr oder
weniger festen Verbindung. In diesem Sinne realisiert besonders die unbelebte Materie auf unserem Planeten mittlerweile bereits relativ ausgeglichene Energieverhältnisse. Im Pflanzenreich scheint ebenso eine schon
recht weitgehende energetische Stabilität vorzuherrschen.

Von den Gegebenheiten bei der Selbst-Organisation her unterscheidet
sich der ego-organisatorische Prozess in der Weise, dass er zu Negativwir-
kungen führt. Bei ihm haben sich in den Energiebilanzen Defizite kumuliert,
die aus negativ-destruktiven Ego-Energien herrühren, welche die Kreativität der betreffenden Individuen übersteigen. Bei der unbelebten Materie
beobachten wir derartige Defizite gleichfalls auch heute noch, allerdings
in eingeschränktem Maße, wie zuvor schon angesprochen. Soweit sie zu
konstatieren sind, sollten wir bei den von ihnen verursachten Abläufen
vorzugsweise vom Prinzip der Negativ-Organisation sprechen, da wir der
toten Materie aufgrund ihres passiven Bewusstseins kein eigenständiges
„Ego" unterstellen wollen. In sämtlichen Fällen wirken jedoch die sich aus
den Negativbilanzen der belebten oder leblosen Materie ableitenden Wirkungen gleichermaßen zerstörerisch.

Soweit man die Vorgänge im gesamten Kosmos als ein beständiges „Werden und Vergehen" begreifen will, schaffen in der Konsequenz positive Selbst-Energien immer an irgendeiner Stelle neues Leben. Umgekehrt sind es dann Negativenergien, die das Leben in der Welt zum Verlöschen bringen. Die „Schöpfungsprozesse" dürfen wir uns mittlerweile in der Weise erklären, dass die daran beteiligten Systempartner auf einer identischen Frequenz synchron zusammenfinden. Dass sich überhaupt Materie über eine wesensgleiche Frequenz im Wege des Energieausgleichs vereinigen kann, haben wir – unseren Vermutungen zufolge – der Funktion der Feinstrukturkonstante zu verdanken. Die kosmischen „Zerstörungsprozesse" gestalten sich von der Zusammenführung her nicht grundlegend anders. Hier dürfte es ebenfalls die Feinstrukturkonstante sein, die für den Ausgleich in der Weise sorgt, dass ein synchroner Prozess mittels des Drehimpulses und über eine gemeinsame Lichtfrequenz organisiert wird. Allerdings verläuft dann die ganze Entwicklung in die einem „Schöpfungsprozess" genau entgegengesetzte Richtung. Vom Grundsatz her sind nämlich Ego-Systempartner stets bestrebt, bei ihrem jeweiligen Pendant kreative Lebensenergien zu zerstören oder sich letztere im Zwangswege anzueignen. Umgekehrt stellen sich alle Selbst-Systempartner die notwendigen Lebensenergien in freiwilligem Austausch zur Verfügung.

Wenn es so ist, wie wir es beschreiben, so verfügen wir in Zukunft über ein richtungsweisendes theoretisches Instrumentarium, das dazu geeignet sein könnte, für die verschiedensten Fragen, mit denen sich die Naturwissenschaften bereits seit langem herumplagen, eine Lösung anzubieten. So erschien bislang recht mysteriös, in welcher Weise es sich bei der Umwandlung von Energie in Materie einerseits und von Materie in Energie zum anderen um einen umkehrbaren Prozess handelt. Wenn man den in der Physik gültigen *Zweiten Hauptsatz der Thermodynamik* uneingeschränkt gelten lassen will, müsste man letztlich Irreversibilät unterstellen. Dem Zweiten Hauptsatz zufolge muss nämlich die Naturwissenschaft von einer Asymmetrie in dem Sinne ausgehen, dass sich in der Thermodynamik die Entropie innerhalb eines geschlossenen Systems im Zeitablauf fortwährend erhöht. Vereinfachte Quintessenz, die auch der naturwissenschaftliche Laie verstehen kann: Unser Universum endet irgendwann in vollkommener Unordnung. Zu früheren Zeiten sprach man vom sogenannten „Wärmetod", auf den der Kosmos letztendlich zusteuere, womit jegliches Leben irgendwann im Universum erlöschen müsste.

Wie allerdings finden dann die so kreativen Leistungen der Natur auf ständig erhöhten Evolutionsebenen ihre physikalische Erklärung? Müsste da nicht doch an irgendeiner Stelle ein umgekehrtes Prinzip eingreifen, das dafür sorgt, dass sich im Kosmos über die einfache Organisation der Materie hinaus das Leben in Gestalt von immer komplexeren Formationen in Natur und Gesellschaft entfalten kann? Unsere Antwort liegt inzwischen auf der Hand: Ja, es sind die kreativen Energien des Bewusstseins, die positiven Selbst-Energien, die dafür Sorge tragen, dass im Lebensprozess zunehmend höhere Entwicklungsstufen erklommen werden können. Und so dürfte sich am Ende bewahrheiten, was bereits an früherer Stelle anklang: Alles spricht dafür, dass wir die gesamte Evolution des Lebens als einen Vorgang zu betrachten haben, durch den das in Energie und Materie angesiedelte und dabei ursprünglich noch „Unbewusste" in stetig „Bewussteres" transformiert zu werden vermag. Die eigentliche Quelle für den kosmischen Prozess der Bewusstwerdung wären dabei ausnahmslos die sich aus Energiebilanzüberschüssen ableitenden positiven Selbst-Energien der fortschreitend entwickelten Systeme.

Was stützt des Weiteren die allgemeine These, dass beim Voranschreiten der Evolution bewusstseinsenergetische Wirkungen den Prozess bestimmen? Da wäre wohl zunächst die Frage nach den biologischen Ausleseprozessen in der Natur zu klären. Charles Darwin hatte sie ursprünglich mit seinem Grundsatz des „survival of the fittest" zu beantworten versucht. Doch schließlich einigten sich die Biologen in der Weise, dass es das Prinzip der „natürlichen Auslese" sei, das darüber befinde, ob Lebewesen in einer feindlichen Umwelt überleben können. Man unterstellt bis heute, dass sich immer das Lebewesen behaupten dürfe, dem es gelingt, sich an seine Umgebung in höherem Maße bestmöglich anzupassen.

Doch ist nicht jeder Prozess in der Natur natürlich? Handelt es sich nicht doch bei dem Grundsatz der „natürlichen Auslese" um eine Leerformel? Wir wenigstens wollen es so sehen und festhalten: Es sind die Ego-Energien der defizitären Energiebilanz, die im Wege der Planckschen Wirkung die Auslese bestimmen. Selbstverständlich haben wir es bei dem beschriebenen Ordnungsprinzip der Ego-Organisation ebenfalls mit einer „natürlichen Auslese" zu tun, die jedoch nicht auf die mangelnden Anpassungsfähigkeiten des Individuums zurückführen ist sondern stets auf negative Energiebilanzen. Hinter letzteren verbergen sich prinzipiell entsprechende Kreativitätsdefizite. Dieser Tatbestand liefe dann darauf hinaus, dass ein Lebewesen, das in nur unzureichendem Maße positive Selbst-Energien zu entfalten vermag, zunächst innere oder äußere Schäden davonträgt und am Ende ganz aus dem Lebensprozess ausscheiden muss. Wenn sich dieser Zusammenhang bewahrheiten sollte, so müssten wir zukünftig grundsätzlich davon ausgehen, dass die *biologische Auslese* quantentheoretisch gesteuert wird und in ihren Abläufen als ein Prozess der *„bewusstseinsenergetischen Selektion"* verstanden werden muss.

Es existiert nun allerdings noch ein weiteres Evolutionsprinzip, das uns aufzeigen und erklären will, wie die biologische Evolution auf der Erde vorwärts strebt. Die Rede muss hier nämlich ebenso auf das Phänomen der *Mutation* kommen, wobei man unter dem Begriff die dauerhafte Veränderung des Erbguts von Lebewesen versteht. Könnte sich eventuell auch hier ein bewusstseinsenergetischer Hintergrund verbergen?

Über die Maßen differenziert sind sämtliche Klassifizierungen, die aufgrund der Beobachtung und Einordnung der verschiedenen Mutationserscheinungen durch die Wissenschaft mittlerweile vorgenommen wurden. Allein wesentlich für unsere Betrachtung erscheint nunmehr: Es lassen sich sowohl positive als auch negative Folgen im Falle einer genetischen

Veränderung des Erbguts – der sogenannten DNA – unterscheiden. Was uns zu folgendem Gedanken führt: Wäre nicht möglich, dass sich immer dann positive Folgen im Falle der Erbgutveränderung ergeben könnten, wenn die betreffende genetische Materie eine ausgeglichene Energiebilanz aufzuweisen vermag und aus seiner Umwelt weitergehende Strahlungsenergie in der Weise einwirkte, dass es zu einem Frequenzwechsel kommt? Mit der neuen Frequenz könnte sich in der Folge ein weiterer selbstorganisatorischer Prozess vollziehen, indem sich beispielsweise ein ganz neues Gen im Erbgut anreichern ließe.

Bei einem derartigen Formationsablauf würde also vom Grundsatz her in allem das bewusstseinsenergetische Prinzip der Selbst-Organisation eingreifen, wie wir es zuvor ausführlicher beschrieben haben. Zu vermuten steht, dass in der Natur Systempartner immer dann einem energetisch ausgeglichenen System „hilfreich" zur Seite eilen können, wenn letzteres von Ego-Systemen in feindlicher Absicht „angegriffen" werden sollte. Selbst-Systempartner würden dann entsprechende Energiebilanzüberschüsse den unter Druck stehenden Systemen übertragen. Dabei dürften vermutlich die zu Hilfe kommenden Systempartner den jeweiligen *„Engpassfaktor"* bereitstellen. Unter ihm wollen wir im Falle der Mutation diejenige genetische Veränderung verstehen, die es ermöglicht, dass über das Erbgut neue physische Eigenschaften ausgebildet werden können, die geeignet sind, das Überleben einer Spezies zu garantieren. Den in Bedrängnis geratenen Systemen und in der Folge auch ihrer Nachkommenschaft gelänge es auf diese Weise, den Herausforderungen einer feindlichen Umwelt in ganz neuer Art und Weise gewachsen zu sein.

Was die vorerwähnten *negativen Folgen von Mutationen* anbelangt, wollen wir annehmen, dass die Abläufe, die zu schädigenden Wirkungen beim Erbgut führen, durch das bewusstseinsenergetische Prinzip der *Ego-Organisation* ihre Erklärung finden. Es soll hier nicht nochmals in allen Einzelheiten geschildert werden, wie sich die Prozesse über eine gemeinsame Lichtfrequenz im Wege des Energieausgleichs synchron vollziehen dürften.

46

In einer abschließenden Zusammenfassung sei hervorgehoben: Die überaus widersprüchlichen Schlussfolgerungen, zu denen der Zweite Hauptsatz der Thermodynamik führt, lassen sich einzig und allein nur so interpretieren, dass die Naturwissenschaft bislang vernachlässigte, dass natürliche Systeme über ihr Bewusstsein in der Lage sind, ihren entsprechenden Partnersystemen kreative Positivenergien zur Verfügung zu stellen. Bei den Prozessen der Mutation wird diese Fähigkeit immer dann ganz besonders deutlich, wenn im Erbgut von Lebewesen weitere Genmaterie angereichert werden kann und sich dergestalt neue physische Eigenschaften für eine Spezies herausbilden. Wir haben es hier generell mit dem Positivprozess der Selbst-Organisation zu tun, der das stetige Voranschreiten der kosmischen Evolution ermöglicht. Umgekehrt sind negative Mutationsfolgen der Tatsache anzulasten, dass ein bewusstseinsenergetischer Zerstörungsprozess nach den Regeln des Prinzips der Ego-Organisation erfolgt. Für die biologische Auslese wiederum müssen wir allem Anschein nach den bewusstseinsenergetischen Ego-Formationsprozess gleichfalls verantwortlich machen. Bei genauerem Hinsehen laufen die Prozesse bei der Selektion wie auch bei der Mutation immer auf die vorgestellten beiden Ordnungsprinzipien der Natur hinaus – nur dass wir im Falle der Selektion die äußere Körperwelt im Blickfeld haben und wir umgekehrt bei der Mutation die energetische Innenwelt von Lebewesen untersuchen.

Im Ergebnis sei die nachfolgende *Evolutionshypothese* für eine Gesetzmäßigkeit formuliert, die das kosmische Entwicklungsgeschehen kennzeichnen dürfte:

Ziel jeglicher Evolution ist es, die Zwangsläufigkeit des Bestrebens nach Energieausgleich zu überwinden und in einen Zustand der Freiheit einzutreten. Danach vollzieht sich jeder schöpferische Prozess der Höherentwicklung nach dem Grundsatz, demzufolge sämtliche natürlichen Systeme stets dann die nächsthöhere Evolutionsstufe erreichen, wenn sie trotz einwirkender Negativenergie seitens ihrer Umwelt eine ausgeglichene Energiebilanz behaupten können. Umgekehrt kommt es letztlich zum definitiven Zerstörungsprozess im Wege der energetischen Selektion unter Rückschritt auf die nächsttiefere Evolutionsstufe, wenn Systeme eine zunehmend negative Energiebilanz aufbauen.

Die absolute Dimension des Bewusstseins

Kehren wir nun noch einmal zu C.G. Jung zurück, der in seiner Schrift „Synchronizität, Akausalität und Okkultismus" die Vermutung äußert: „... *es scheint, als ob Raum und Zeit in einem Zusammenhang mit psychischen Bedingungen stünden oder als ob sie an und für sich gar nicht existierten und nur durch das Bewusstsein ›gesetzt‹ wären.*" Die von C.G. Jung vor vielen Jahrzehnten in dieser Weise zum Ausdruck gebrachte Vermutung hat für uns den geradezu mysteriös anmutenden Charakter einer „Vorahnung", wobei derlei geistige Antizipationen ebenfalls als zeitlose Synchronizitätsphänomene anzusehen sind, wie sie Jung in seinem Werk so umfassend beschrieben hat.

Zunächst zum ersten Teil der Jungschen Annahme: In welcher Weise stehen also Raum und Zeit in einem Zusammenhang mit „psychischen Bedingungen", wie es Jung formuliert? Nun, wir brauchen nur anstelle der „psychischen Bedingungen" die „Energiebilanz" ins Spiel zu bringen, und schon erhalten wir eine Antwort, wie an früherer Stelle bereits in groben Umrissen ausgeführt wurde. So denken wir hier noch einmal daran, dass bei jedem synchronen Wirkungsgeschehen, das sich aus einer unausgeglichenen Energiebilanz ableitet, stets die grundsätzliche Bedingung erfüllt sein muss, dass sämtliche realisierten Systemgeschwindigkeiten immer auch der Lichtgeschwindigkeit entsprechen. Da alle kosmischen Systeme im beständigen Streben nach Energieausgleich mit ihren jeweils ganz unterschiedlichen Geschwindigkeiten unterwegs sind, dürfen wir folglich aus der Beobachtung der betreffenden Objekte schließen, dass letztere immer auf einer ganz anderen Frequenz schwingen als wir selbst. Und sollten sie nun tatsächlich dieselbe Frequenz realisieren, so müßten sie am Ende immer dadurch „verschwinden", dass sie im Wege des Energieausgleichs als Ereignis in unser Leben treten – beispielsweise dann, wenn angesichts einer Sinneswahrnehmung ein Photon auf unser Auge trifft.

Da nun einmal alles einer fortwährenden und hierbei mehr oder weniger großen Bewegung unterworfen ist und wir es mit einem überaus umfassenden „Frequenzgebäude" zu tun haben, ergibt sich für den Beobachter der Eindruck des dreidimensionalen Raumes und der Zeit, die vermeintlich von der Vergangenheit über die Gegenwart in die Zukunft fließt. Doch wir haben es hierbei mit einer *relativen Wirklichkeit* zu tun, wie wir annehmen müssen. Mittlerweile wollen wir nämlich tatsächlich fest davon ausgehen, dass jedes Geschehen immer nur synchron zustande kommen kann. Nur so wird dann erklärlich, dass unsere eigenen Erfahrungen in dieser Welt grundsätzlich nur der Gegenwart entstammen können. Unter dieser so grundlegenden Annahme trifft deshalb zu, dass jedes System im Mikro- oder Makrokosmos prinzipiell seine ureigene „systemspezifische Lebenszeit" selbst realisiert, in dessen Verlauf sich eine „Ereigniskette" herausbildet, wie wir es nannten. Alle einzelnen Glieder dieser Kette wären dann ausnahmslos Quantenwirkungen geschuldet, die zeitgleich den dazugehörigen „systemspezifischen Raum" erschaffen würden.

Was Albert Einstein zu unseren Vorstellungen von Raum und Zeit zu sagen hätte, lässt sich nur ahnen. Tatsache ist wenigstens, dass er sein Raum-Zeit-Kontinuum in völlig anderer Weise konstruierte. Er sah den Raum mehr oder weniger als einen dreidimensionalen „Behälter" an und fügte diesem die weitere Dimension der Zeit hinzu. Die Einsteinsche Zeit hatte dabei keinen Zeitpfeil, unterschied also nicht zwischen Vergangenheit und Zukunft, wobei er am Ende seines Lebens zu der Schlussfolgerung gelangte: „Die Unterscheidung zwischen Vergangenheit, Gegenwart und Zukunft ist nur eine Täuschung, wenn auch eine hartnäckige." In diesem Sinne hätte er vielleicht unserer Sichtweise von einer „relativen Wirklichkeit" zugestimmt. Hätte er sich dann aber auch zu der Erkenntnis durchringen können, dass jegliches kosmische Geschehen immer auf synchroner Wirkung beruht und dass die Diskontinuierlichkeit aller Quantenwirkungen eigentlich keine kontinuierliche Konstruktion zulässt, wie wir sie beim Raum-Zeit-Kontinuum vor uns haben? Dass sämtliche bewegten Teilchen und Körper prinzipiell eine Frequenz realisieren, wie es uns jede Geschwindigkeit eigentlich doch nahelegt? Dass die Systemgeschwindigkeiten allesamt immer auch der Lichtgeschwindigkeit entsprechen müssen und dass deshalb Raum (l) und Zeit (t) über die Geschwindigkeit (l/t) in einer festen und unauflöslichen Beziehung miteinander verbunden sind?

Ja, Einstein ahnte es, dass Raum und Zeit irgendwie „zwei Größen desselben Etwas" darstellen müssten. Und doch gelang es ihm einfach nicht, dem großen Welträtsel endgültig auf die Spur zu gelangen, wofür wir in allererster Linie einen Hauptgrund verantwortlich machen müssen: Zeitlebens blieb Albert Einstein dem kausalen Denken, auf das sich bis in die Gegenwart hinein alle übrigen wissenschaftlichen Disziplinen ausnahmslos stützen, zutiefst verhaftet. Doch in unserer Welt wie auch im gesamten Kosmos kommt jedes Einzelereignis ursächlich immer durch synchrone Wirkung zustande und zu keiner Zeit durch eine kausale Kraft. So wenigstens wollen wir es mittlerweile annehmen.

Da wäre noch der zweite Teil der „Vorahnung" C.G. Jungs, den es zu klären gilt: *„Es scheint, als ob Raum und Zeit..........an und für sich gar nicht existierten und nur durch das Bewusstsein ›gesetzt‹ wären".* Dürfte sich diese Jungsche Annahme gleichfalls als so zutreffend herausstellen wie seine Vermutung, dass Raum und Zeit mit den „psychischen Bedingungen" eines Individuums in Zusammenhang stehen könnten? Gute Gründe sprechen in hohem Maße dafür, dass seine Ahnungen – besonders auch was die Existenz und Nichtexistenz von Raum und Zeit anbelangt – in die richtige Richtung weisen.

Wieder einmal kehren wir zu dem wiederholt erläuterten Prinzip der *Selbst-Organisation* zurück und halten uns einen Wachstumsprozess vor Augen. Mit dem Kehrwert der Zeit und auf dem Leitstrahl des Lichts streben hierbei Systempartner – ganz ohne Informationsaustausch oder Fernübertragung – auf einen Zielort zu, um dort ihre Energieüberschüsse im Quantenwege abzuliefern. Für das auf diese Weise neu entstehende System wird so eine „Ereigniskette" in Gang gesetzt. Fortlaufend entsteht dann zeitgleich systemspezifisch neue *Lebenszeit*, die wir als *Positivzeit* ansehen müssen. Im Verbund dazu kommt gleichzeitig – systemspezifischer – *Lebensraum* neu in die Welt. Er sei als *Positivraum* bezeichnet. Ganz allgemein dürfen wir deshalb schließen: Die aus Energiebilanzüberschüssen hervorgehenden Quanten in Form von Teilchen und Körpern erschaffen fortwährend neue kosmische Systeme – beispielsweise auch in Gestalt ganzer Weltkörper und Sternensysteme. Der Formationsprozess im Kosmos wäre folglich auf die Kreativenergien des Bewusstseins zurückzuführen, wenn man unseren Deutungen folgen will und der unbelebten Materie ebenfalls ein – wenn auch nur passives – Bewusstsein zuerkennt.

Umgekehrt beschreibt uns mittlerweile das Prinzip der *Ego-Organisation*, wie sich im Kosmos immer dann Negativpartner – bewusst oder noch unbewusst – in zerstörerischer Weise und dabei synchron formieren müssen, wenn in ihren Energiebilanzen entsprechende Defizite aufgebaut wurden. Da bei Lebewesen derartige Defizite stets dann entstehen, wenn negative Bewusstseinsenergien die Kreativkräfte überschreiten, lässt sich sagen, dass eine auf Ausgleich drängende „psychoenergetische Schuld" in letzter Konsequenz immer auch die systemspezifische *Negativ-* oder *Todeszeit* wie auch den systemspezifischen *Negativ-* oder *Todesraum* in die Welt bringt. Energiebilanzdefizite, die bei Lebewesen die Gestalt einer „psychoenergetischen Schuld" annehmen, lösen somit Wirkungen aus, die zuletzt die spezifische Lebenszeit und den jeweiligen Lebensraum jedes lebendigen Systems vernichten. Schlagartig wird dabei – in asymmetrischer Weise und in eklatantem Gegensatz zum sich über die gesamte Lebenszeit erstreckenden „Schöpfungsprozess" – die Lebensuhr des zerstörten Systems auf ihren Nullpunkt zurückgestellt.

Welche Grundlagen in der theoretischen Physik sprechen dafür, dass sowohl alle kosmischen Formations- als auch Zerstörungsprozesse so verlaufen, wie wir es soeben schilderten? Es gilt als gesicherter Tatbestand, dass die bislang erkannten Naturgesetze sowohl die *Zeit-* als auch die *Raumumkehr* erlauben. Nur die Umkehr von Geschwindigkeit scheint in der Natur unmöglich zu sein. Der Zusammenhang bei der Zeit- und Raumumkehr wurde bereits um 1930 von Paul Dirac postuliert und einige Jahre später, was die Teilchenphysik anbelangt, bewiesen. Auffällig ist bei dem Phänomen, dass sich die Natur hier wieder eine ins Auge stechende Asymmetrie erlaubt, die – unserer These zufolge – nicht nur bei Teilchen sondern auch bei sämtlichen Körpern der unbelebten sowie der belebten Materie im Mikro- wie im Makrokosmos – auf die Möglichkeit der *„Prozessumkehr"* im Falle der Negativ– bzw. Ego–Organisation hindeutet. Wenn es so ist, darf nicht mehr ausgeschlossen werden, dass es tatsächlich das individuelle Bewusstsein in der Ausprägung der Energiebilanz ist, welches im Universum nicht nur über das Leben sondern letztlich immer auch über den Tod des jeweiligen kosmischen Systems befindet. Deshalb nun auch die so wesentliche Frage, was das Schicksal von uns Menschen anbelangt: Wodurch finden die Abläufe bei der Prozessumkehr im Falle des so abrupten Übergangs von der Selbst- zur Ego-Organisation ihre konkrete Erklärung?

Es steht zu vermuten, dass immer dann der Prozess der Selbst-Organisation in einen ego-organisatorischen Ablauf in asymmetrischer Weise umschlägt, wenn in der Energiebilanz eines Systems über den Aufbau eines entsprechenden Defizits das Wirkungsquantum erreicht wird. Als Folge davon vollzieht sich dann in diskontinuierlicher Art und Weise ein negativer Zerstörungsprozess durch die Wechselwirkung mit einem System, das auf derselben Frequenz schwingt. Als „Sieger" bei einer derartigen Negativwirkung dürfte letztlich immer das System mit der größeren Masse auf dem natürlichen Schlachtfeld zurückbleiben.

Was legt nun die identischen Frequenzen bei den Prozesspartnern fest? Bei der Antwort auf diese Frage sind wir erneut auf Spekulationen angewiesen: Gehen wir prinzipiell davon aus, dass positiv-kreative Selbstenergien grundsätzlich systemspezifische Lebenszeit mit dem dazugehörigen Lebensraum schaffen und insofern „vorwärts in die Zukunft" streben. Umgekehrt führen negativ-destruktive Ego-Energien „rückwärts in die Vergangenheit" und zerstören in asymmetrischer Art und Weise die systemspezifische Lebenszeit und ihren Lebensraum. Das Bewusstsein wirkt also stets in die beiden einander entgegengesetzten Entwicklungsrichtungen. Und deshalb kann es nur so sein, dass das Verhältnis zwischen den kumulierten Positiv- und Negativenergien per Saldo auch die Frequenz erschafft, die das jeweilige System realisiert und die für sein weiteres „Schicksal" von so hervorragender Bedeutung ist. Wir vermuten, dass dabei der Drehimpuls des Lichts die entscheidende Antriebsrolle spielt und festlegt, ob sich ein System „vorwärts in die Zukunft" oder „rückwärts in die Vergangenheit" bewegen darf. Hierzu noch eine Analogie aus der Technik des Menschen: Man stelle sich ein Schiff mit zwei Schrauben vor, von denen die eine nach rechts und vorwärts dreht und die andere nach links und rückwärts. Welchen Kurs unser Schiff jetzt einschlägt, welche Geschwindigkeit dabei realisiert wird und ob es sich dabei vorwärts oder rückwärts bewegt, ist grundsätzlich davon abhängig, welche jeweiligen „Antriebskräfte" auf die beiden Schiffsschrauben einwirken. Analog zu diesem Beispiel aus der Schiffstechnik darf man sich den Frequenzaufbau innerhalb der Energiebilanzen von Lebewesen vorstellen.

Wenn wir den vorangegangenen Ausführungen zustimmen können, so ergibt sich in der Zusammenfassung, dass stets das Bewusstsein die entscheidende Determinante für die Schaffung und Vernichtung von Raum und Zeit darstellt. Das hier vorgestellte kosmologische Denkmodell baut dabei nicht mehr auf dem Einsteinschen Raum-Zeit-Kontinuum auf. Vielmehr müssen wir den Kosmos als *Bewusstseins-Perpetuum* ansehen. In diesem Sinne formulieren wir unsere *Hypothese für ein Kosmisches Bewusstseinsgesetz* wie folgt:

Die einzig absolute Dimension im Kosmos ist das Bewusstsein. Die sich über alle Evolutionsstufen hinweg vollziehenden schöpferisch-zerstörerischen Prozesse kennen weder Anfang noch Ende sondern nur ein allumfassendes Hier und Jetzt. Raum und Zeit und das in ihnen ablaufende energetisch-materielle Umwandlungsgeschehen sind relative Wirklichkeiten, die in allem vom Bewusstsein im Wege des Energieausgleiches geschaffen wie auch vernichtet werden.

6. Die Entschlüsselung paradoxer Phänomene im Bereich der Physik

Ausgangspunkt unserer Untersuchung war die Frage nach dem Ursprung der Newtonschen Gravitation. Bis zum heutigen Tag ließ er sich nicht ergründen. Alle bisher unternommenen Erklärungsversuche scheiterten bislang in der Vergangenheit. Insbesondere die Gravitonenforschung konnte die Frage nach dem Urgrund der Schwerkraft nicht erhellen. Und so findet sich, wie bereits in der Vergangenheit, ein Großteil der Physiker schlecht und recht damit ab, dass man es bei der Gravitation mit einer irreduziblen Eigenschaft der Materie selbst zu tun haben müsse. Andere Vertreter ihrer Fachdisziplin setzen unverdrossen ihre so aufwändige Suche nach dem Ursprung der Gravitation fort und gelangen dabei zu Modellvorstellungen, die das gedankliche Fassungsvermögen des Menschen längst weit hinter sich gelassen haben.

Demgegenüber stellten wir die von der theoretischen Physik seit Anbeginn ihres Wirkens außer Acht gelassene Frage nach dem „*Warum*" der Bewegung von Teilchen und Körpern in den Mittelpunkt unserer Untersuchung und gingen von folgender Bewegungshypothese aus:

Sämtliche Systeme (Teilchen und Körper) im Kosmos bewegen sich grundsätzlich relativ in Zeit und Raum in Abhängigkeit von ihren spezifischen Energiebilanzen unter dem zwangsläufigen Bestreben nach Energieausgleich im Wege des Planckschen Wirkungsquantums.

Auf der Grundlage einer Analogie zu den Produktionsprozessen des Menschen ließ sich zeigen, dass natürliche Systeme bei einem Wachstumsprozess immer nur synchron zusammenfinden können. Das Energieerhaltungsgesetz führte uns dann zu dem Gedanken, dass wir es bei allen zu beobachtenden Bewegungen mit einer Form des Energieausgleichs zu tun haben. Doch wie könnte ein derartiger Ausgleich überhaupt bewerkstelligt werden? Die passende Antwort hält nur die Plancksche Quantentheorie mit ihrem Wirkungsquantum bereit. Sie macht allerdings zur unbedingten Voraussetzung, dass zur Übertragung von „Energiepaketen" grundsätzlich eine Frequenz vonnöten ist. Wir mussten deshalb den Spuren von De Broglie folgen, der die fundamentale Entdeckung machte, dass massetragende Elementarteilchen immer auch über entsprechende Welleneigenschaften verfügen. Wenn man diesen wichtigen Tatbestand auch für sämtliche bewegten Körper der unbelebten wie auch der belebten Materie gelten lässt und das Wirkungsquantum mit der Messformel für den Drehimpuls, wie er uns aus der Mechanik bekannt ist, gleichsetzt, so ergibt sich die allgemeine Formel für die Ausgleichsenergie wie folgt:

$$e = m\ (\ l/t\ )^2$$

Soweit man dem Gedanken folgen kann, dass jedes beliebige Zusammentreffen im Kosmos immer nur synchron im Wege des Energieausgleichs abläuft und sich vom Kausalitätsprinzip zu lösen vermag, ergibt sich zwingend, dass alle im Kosmos denkbaren Geschwindigkeiten immer auch der Lichtgeschwindigkeit entsprechen müssen.

Ein fundamentales Rätsel gibt uns nun allerdings die Frage auf, wie sich der Zusammenführungsprozess bei massetragenden Teilchen und Körpern überhaupt bewerkstelligen lässt. Was dient als eigentlicher Antrieb? Die in jeglicher Materie angesiedelte Feinstrukturkonstante des Lichts dürfte es sein, die über ihren Drehimpuls jede Masse mit unausgeglichener Energiebilanz in Richtung auf ein Partnersystem in Bewegung setzen kann. So wenigstens lautet unsere These. Und wie dürften dann letztlich die betreffenden Systempartner zielgenau zusammenfinden? Nun, es ist eben doch die „Nicht-Eigenschaft" der Raum- und Zeitlosigkeit des Lichts selbst, die es möglich macht, zielsicher und auf kürzestem Wege den Energieausgleich über jede Entfernung hinweg in die Wege zu leiten – und dies über das masselose Photon, besonders aber auch über massetragende Teilchen und Körper, bei denen die Feinstrukturkonstante über ihren Drehimpuls die Transportfunktion zu übernehmen vermag. Für einen rein materialistisch ausgerichteten Physiker könnte damit dem Drehimpuls im Zusammenhang mit dem Wirkungsquantum eine ganz überragende Bedeutung zuwachsen. Arthur Eddington war es übrigens, der wohl als Erster nachwies, dass der Drehimpulses im Gegensatz zum relativen Linearimpuls über einen absoluten Charakter verfügen müsse – absolut im Sinne der Physik, nicht jedoch was das Bewusstsein anbelangt, wie wir es zuvor herausarbeiteten.

Mit dieser Kurzfassung unserer Hypothesen – man stufe sie ruhig als überaus gewagte oder gar anmaßende Spekulationen ein – wollen wir es vorerst bewenden lassen, um den aufgeschlossenen Vertretern der theoretischen Physik die Möglichkeit einzuräumen, unsere „spekulativen Thesen" auf den Prüfstand zu stellen. Hier seien unsere „Bewusstseinshypothesen" zunächst einmal völlig ausgeklammert. Es bleibt nämlich in allen wissenschaftlichen Disziplinen – und beileibe nicht nur in der Physik – bis auf den heutigen Tag umstritten, ob und inwieweit das Bewusstsein lebendiger Systeme auf das materielle Geschehen Einfluss auszuüben vermag. Dies ist der Grund, weshalb in einem ersten Schritt nur die „paradoxen Phänomene" zur Sprache kommen sollen, die bislang der theoretischen Physik noch große Rätsel aufgeben. Nur in dem Maße , wie all unsere Spekulationen am Ende zur Aufklärung von paradoxen Erscheinungen, Widersprüchen, Anomalien, Ungereimtheiten und Rätseln aller Art – zunächst allein im Bezug auf die Fragestellungen der Physik – beitragen können, wäre damit der übergeordneten Zielsetzung unserer Untersuchung gedient. Dabei berücksichtige man im Folgenden, dass uns nur solche Naturerscheinungen als widersprüchlich, rätselhaft oder paradox erscheinen können, die sich in die bekannten Gesetzmäßigkeiten der Naturwissenschaft bislang nicht einfügen. Sobald sie sich dann allerdings durch eine neue Theorie integrieren lassen, werden aus ihnen ganz gewöhnliche Phänomene, die zu keiner Verwunderung mehr Anlass geben.

Und nun konkret zur Entschlüsselung der kosmologischen Rätsel der Physik:

Das unlösbare Geheimnis der Gravitation

Die Vereinheitlichungsversuche aller Feldtheorien scheiterten seit mehr als einem halben Jahrhundert vor allem daran, dass sich die Schwerkraft nicht in eine umfassende Welttheorie einfügen ließ. Unsere Bewegungshypothese liefert folgende Erklärung für die Vergeblichkeit aller bisherigen Bemühungen: Wenn sämtliche kosmischen Systeme und somit auch alle Himmelsysteme Frequenzen realisieren und ihre Energiebilanzen im Weg von Wirkungsquanten ausgleichen müssen, so kann es keine allgemeine Kraft der Massenanziehung mit den ihr zugeschriebenen Gravitationsfeldern und Schwerkraftteilchen geben. Dies darf man als Grund dafür ansehen, dass die Gravitationsforschung trotz gewaltiger experimenteller Anstrengungen erfolglos bleiben musste und für sie auch zukünftig kein Durchbruch zu erwarten steht. Die Nichtexistenz der Gravitation in dem genannten Sinne bedeutet nicht, dass das Vorhandensein von Schwere in Abrede gestellt werden darf. Gemäß dem Einsteinschen Äquivalenzprinzip von Masse und Energie lässt sich die aus Masse freigesetzte Energie wiegen, ist jedoch auf der Basis unserer Energieausgleichstheorie stets auf Quantenprozesse zurückzuführen. Die Erkenntnis, dass alle Bewegungen im Kosmos über Wirkungsquanten gesteuert werden, dürfte sich vor allem in der Astrophysik im Anschluss an die Auflösung des Drehimpuls-Paradoxons im Sonnensystem durchsetzen.

Das Drehimpuls-Paradoxon des Sonnensystems

Bis in die Gegenwart hinein erscheint die Verteilung des Drehimpulses auf die Sonne und ihre Planeten ganz besonders paradox. Das Zentralgestirn der Sonne realisiert einerseits nahezu 99,9% der Masse des gesamten Systems. Es realisiert jedoch zum anderen nur etwa 0,5% des Gesamtdrehimpulses im Sonnensystem. Der weitaus größte Teil des Gesamtdrehimpulses ist somit dem Bahndrehimpuls der Planeten zuzurechnen. Die Astrophysik spricht deshalb auch vom Drehimpuls-

Paradoxon, das bis heute größtes Kopfzerbrechen bereitet. Wo liegt hier des Rätsels Lösung?

Die Frequenz, auf der die Erde um die Sonne läuft ist eine völlig andere als die der Sonne in ihrem ebenfalls bestehenden Wirkungszusammenhang mit dem Zentrum unserer Galaxis. Nur die mit der Erde in Verbindung stehenden Sonnenfelder sagen etwas über die Erdfrequenz aus. Sie sind es, die über das Erdmagnetfeld, das den globalen Energiebedarf unseres Planeten anmeldet, die notwendige Lebensenergie im Quantenwege zur Verfügung stellen. Dass dabei Quanten ihre Wirkung entfalten, zeigt uns optisch die Sonnenfleckentätigkeit mit ihren kreisförmig angelegten Feldern ganz genau. Besagte Felder lassen die Wirkung des Drehimpulses nämlich recht deutlich erkennen. Ganz allgemein errechnen sich die Körperfrequenzen der Planeten und sämtlicher übrigen Himmelskörper aus den entsprechenden Umlaufgeschwindigkeiten in ihrer Beziehung zu den zurückgelegten Wegstrecken. Da unser Sonnensystem zu jeder Zeit beständigen Ausgleich anstrebt und die betreffenden Massen und Umlaufgeschwindigkeiten aller beteiligten „Systempartner" weitestgehend bekannt sind, wird sich jetzt das bislang so rätselhafte Drehimpuls-Paradoxon des Sonnensystems, das die verschiedensten Theorien auf den Plan rief und für das sich bis zum heutigen Tage keine wirklich überzeugende Erklärung fand, über die Ausgleichsformel

$$e = m \left(l / t \right)^2$$

endgültig rechnerisch auflösen lassen.

Rätselhafte Dunkle Materie

Das so lange Zeit ungelöste Gravitationsrätsel und das Drehimpuls-Paradoxon im Sonnensystem finden in der Kosmologie ihre Entsprechung darin, dass bisher von der massenhaften *Existenz Dunkler Materie* ausgegangen wird. Den Gravitationsgesetzen zufolge müssten an sich die Rotationsgeschwindigkeiten der äußeren Bereiche von Galaxien abnehmen. Sie steigen jedoch vor allem bei geringerer Distanz vom Zentrum der Galaxie steil an und bleiben dann bei größerer Entfernung weitestgehend konstant. Das traditionelle Modell in der Kosmologie unterstellt deshalb, dass im Universum etwa vier- bis fünfmal so viel Dunkle Materie existieren müsse wie normale und dabei sichtbare Materie. Der Nachweis für das Vorhandensein von Dunkler Materie wurde nie erbracht. Er wird sich auch zu keiner Zeit führen lassen, da es sich bei der besagten Theorie um eine unglückliche Hilfskonstruktion handelt, die darauf abzielt, die Gravitationsgesetze zusammen mit Einsteins Allgemeiner Relativitätstheorie zu retten. Es wird sich erweisen, dass sämtliche Körper im All grundsätzlich ganz bestimmte Frequenzen realisieren und die das Zentrum eines Sternensystems umkreisenden Himmelskörper wesentlich höhere Drehimpulse realisieren als das Zentrum selbst. Sämtliche Bewegungen in den inneren und äußeren Regionen aller Sternensysteme sind auf Wirkungsquanten zurückzuführen, über die der für jeglichen Umlauf benötigte Energiebedarf ausgeglichen wird.

Das ungeklärte Phänomen der Rotation

Alle bisherigen Erklärungen für die Rotationsbewegungen im Kosmos stellen nicht zufrieden. Wenn dahingegen der Drehimpuls prinzipiell in Verbindung mit dem Wirkungsquantum in Erscheinung tritt, so haben wir es ersterem zu verdanken, dass Himmelssysteme und damit auch unser Planet bei seinem Umlauf um die Sonne im Wege einer Eigendrehung rotieren und dabei Energie aufnehmen – ähnlich einem Menschen, der sich in regelmäßigem Turnus der Energiequelle eines wärmenden Kamins zuwendet und von ihr wieder Abstand nimmt, sobald die Energiezufuhr in hinreichendem Maße erfolgt ist. Sichtbarer Ausdruck für die Tatsache, dass wir es überall mit Wirkungsquanten zu tun haben, ist die Rotation aller homogenen Massen im Kosmos, aber auch auf unserer Erde. Nur im Falle höher entwickelter Lebewesen, die wir als heterogene Massen ansehen dürfen, vermag die sich aus dem Drehimpuls ableitende Rotation über das Bewusstsein in lineare Bewegungen transformiert zu werden – so etwa auch in der Technik des Menschen. Bei Schiffsschrauben, Flugzeugpropellern, Motoren oder Fahrzeugrädern fällt klar ins Auge, dass das Wirkungsquantum grundsätzlich im Verein mit dem Drehimpuls auftritt.

Das kosmische Rätsel der Rotationsrichtung

Sämtliche linksdrehenden Planeten und Himmelskörper nehmen stets über ihre Magnetfelder Energie auf. Umgekehrt geben rechtsdrehende Himmelssysteme Energie ab (vom Polarstern aus betrachtet). Vermutlich erfolgt nach einer Phase übermäßiger Energieaufnahme eine Umpolung verbunden mit einer Änderung der Rotationsrichtung im Sinne des Energieausgleichs. Für den zyklischen Ablauf der Erdgeschichte ergeben sich damit neue Erklärungen in vielen wissenschaftlichen Disziplinen.

Die Anomalie der Rechtsrotation von Venus und Mond

Beide Himmelskörper stehen frequenzmäßig mit der Erde in enger Verbindung. Ihre an sich so verwunderliche Rechtsrotation zeigt an, dass sie an die Erde Energie abgeben. Stabilisiert so beispielsweise die Venus die Erdachse unseres Planeten? Als gesichert erscheint jetzt, dass der Mond mit seinem so regelmäßigen Turnus dem Leben auf der Erde überschüssige Energie spendet. Der Gezeiteneffekt des Mondes darf aus diesem Grunde in keinem Fall auf die „Massenanziehungskraft" zurückgeführt werden. Stattdessen sind es sämtliche Materieteilchen auf unserer Erde, die im Sinne unserer Bewegungshypothese mit der Mondenergie ihre defizitären Energiebilanzen ausgleichen können. Durch die besondere Beweglichkeit der Wasserteilchen, nicht jedoch durch eine dem Mond unterstellte Gravitationskraft, findet somit der „Gezeiteneffekt" seine zutreffende Erklärung.

Das Energieausgleichsprinzip dürfte ferner den letzten Nachweis erbringen, dass der Mond aus der Erde hervorgegangen sein muss. Dies wird sich aus dem Bewegungsverhalten des Mondes mit seiner Körperfrequenz, die exakt der der Erdoberfläche zu gleichen scheint, berechnen lassen. Man sei sich bewusst, dass uns der Mond immer dasselbe „Gesicht" zuwendet. Ist dieser Tatbestand wirklich einem willkürlichen Verhalten oder nicht doch Wirkungsquanten zuzuschreiben?

Das Rätsel um den Ursprung der kosmischen Strahlung

Es ist davon auszugehen, dass die kosmische Strahlung dem Zentrum unserer Galaxis entstammt, mit dem unser Sonnensystem gleichfalls in einem festen Wirkungszusammenhang steht. Sobald nun unsere Erde von der Sonne weniger Energiequanten abruft und damit die Sonnenfleckentätigkeit abnimmt, fällt in der Folge das Magnetfeld der Sonne ebenfalls schwächer aus. Es kann deshalb die Erde nicht weiter in gleichem Maße von der kosmischen Strahlung abschirmen. Zunehmend gelangen dann mehr kosmische Teilchen in die Erdatmosphäre und nehmen allem Anschein nach Einfluss auf das Erdklima. Das Modell des menschengemachten Treibhauseffekts könnte in Frage gestellt sein, da es die Wirkungszusammenhänge zwischen dem Zentrum der Galaxis, der Sonne und der Erde außer Acht lässt.

Rätselhafte Meteoriteneinschläge im Sonnensystem

Meteoriteneinschläge werden stets dann im Evolutionsverlauf „bestellt", wenn sich an bestimmten Standorten von Himmelskörpern Ungleichgewichte in Gestalt negativer Energiebilanzen gebildet haben. Allgemein rufen defizitäre Energiebilanzen im Universum einen „kosmischen Ausgleich" auf den Plan. Es ist davon auszugehen, dass Meteoriteneinschläge die Funktion erfüllen, lokale „Fehlentwicklungen" zu korrigieren. Unser Planet erfuhr jedoch im Verlaufe der Entwicklung nicht nur zerstörerische Korrekturen sondern wurde umgekehrt auch „beschützt". So dürfte es beispielsweise Jupiter gewesen sein, der die verschiedensten Meteoriten „einfing" und damit von der Erde fernhielt, die ansonsten die Entwicklung auf unserem Planeten ernsthaft hätten bedrohen können.

Das Materie-Antimaterie-Paradoxon

Das sowohl im Mikro- als auch im Makrokosmos festgestellte und bislang so rätselhafte Phänomen ist der Tatsache zuzuschreiben, dass Systemen mit negativer Energiebilanz das ihnen innewohnende „Zerstörungspotenzial" nicht anzusehen ist. Die Materie gleicht äußerlich in allem auch ihrer Antimaterie. Erst im Moment der asymmetrisch erfolgenden Prozessumkehr offenbart sich der wahre Charakter der Materie. Hinter dem „Paradoxon" verbirgt sich somit die Diskontinuierlichkeit des Wirkungsquantums.

Paradoxien im Mikrokosmos im Allgemeinen

Auch im mikroskopischen Bereich dürfte die Energieausgleichsformel in der Kernphysik bei den bekannten Wirkungszusammenhängen rechnerisch über kurz oder lang bestätigt werden. Wir vermuten allerdings, dass sich zuvor das „Zeitproblem" stellt. Jedes mikroskopische System realisiert grundsätzlich seine eigene systemspezifische Zeit, die nicht mit der Zeit identisch ist, die wir auf unserem Planeten in seinem Bezug zur Sonne messen und unterstellen. Deshalb dürfte unsere Formel für die Ausgleichsenergie im Mikrokosmos erst dann Anwendung finden können, wenn das besagte „Zeitproblem" gelöst ist. Im Übrigen könnten nunmehr die in der Folge angeführten Phänomene im mikroskopischen Bereich eine weitergehende Entschlüsselung finden.

Rätselhafte Zeit-Verletzung des Symmetrie-Prinzips im Mikrokosmos

Die im Falle der Zeitumkehr von Teilchen konstatierte Negativzeit ist wohl dem Ordnungsprinzip der Negativorganisation geschuldet. Teilchen verfügen grundsätzlich über eine – ihre Frequenz bestimmende – Energiebilanz, die sowohl ihren Charakter (Teilchen oder Antiteilchen) als immer auch ihr Bewegungsverhalten festlegt. Jede Zeit-Anomalie geht mit einer Raum-Verletzung des Symmetrie-Prinzips einher. Zusammen verbinden sie sich zum Phänomen der „Prozessumkehr". Mit der Klärung der Zusammenhänge dürfte sich folglich auch das bereits angesprochene „Materie-Antimaterie-Paradoxon" auflösen.

Das paradoxe Prinzip der kleinsten Wirkung und die Quantenparadoxien

Das Prinzip der kleinsten Wirkung besagt, dass Licht immer in kürzester Zeit zum Ziel führt und wurde bereits von Gottfried Wilhelm Leibniz entdeckt. Über drei Jahrhunderte rätselte man über den teleologischen Aspekt des Lichtes, gelangte aber zu keiner Lösung. Es dürfte sich herausstellen, dass die sich in diesem Prinzip offenbarende „Intelligenz" des Lichtes auf das Energiebilanzausgleichsprinzip zurückzuführen ist. Jede Energieübertragung im Wege des Energieausgleichs wird dabei grundsätzlich durch irgendeinen Systempartner abgerufen. Damit dürften sich die paradoxen Phänomene lösen lassen, mit denen man sich in der Quantenphysik so lange herumschlug. Wenn nämlich Licht stets abgerufen wird, so geht es auf kürzestem Weg immer dorthin, wo es im zum Zwecke des Bilanzausgleichs „gebraucht" wird. Zu keiner Zeit dürfen dann kausale sondern grundsätzlich nur synchrone Wirkungszusammenhänge unterstellt werden. Ebenso gilt zu berücksichtigen, das ein masseloses Photon weder Raum noch Zeit kennt und sich so jenseits jeder „relativen Wirklichkeit" zu bewegen vermag. Das so lange Zeit erörterte *Doppelspalt-Experiment* sowie der so verwunderliche *Tunnel-Effekt* dürften hiermit ihre Erklärung finden. Wenn schließlich beim bis heute so rätselhaften *Teekessel-Effekt* Elektronen, die ursprünglich ein höheres Energieniveau eingenommen hatten, zerfallen, so haben wir es hier mit der Wirkung zu tun, welche auch *„Schrödingers Katze"* das Leben kosten könnte. Die in die Geschichte der theoretischen Physik eingegangene Katze wäre es dann selbst, die über ihre Energiebilanz, die ihrem Bewusstseinskraftfeld entspricht, das tödliche Wirkungsquantum radioaktiver Teilchen abgerufen hätte.

Das letztgenannte und so berühmte Gedankenexperiment Erwin Schrödingers, das wir hier nicht ausführlich darstellen möchten, eignet sich in vorzüglicher Weise, um die kosmische Verbindung zwischen dem passiven Bewusstsein der unbelebten Materie und dem aktiven Bewusstsein von Lebewesen aufzuzeigen. Eine solche Verbindung kann grundsätzlich nur aus Energiebilanzen herrühren, in denen bei Systempartnern eine identische Frequenz aufgebaut wurde. Soweit es der theoretische Physiker auch weiterhin rundweg ablehnt, dass die geistige Aktivität von Lebewesen auf die unbelebte Materie einen Einfluss auszuüben vermag, sei ihm empfohlen, an dieser Stelle die Lektüre einfach abzubrechen und sich prioritär der weitergehenden Entschlüsselung der vorgenannten „paradoxen Phänomene der Physik" zuzuwenden.

Der an der Materie-Geist-Problematik interessierte Leser möge uns allerdings weiterhin folgen, wenn wir uns nunmehr mit den Widersprüchlichkeiten und Rätseln befassen wollen, die wir allesamt mit dem „Weltbild der Kausalität" in Verbindung bringen müssen, das uns schon so lange in die Irre geführt hat.

7. Zum Verständnis natürlicher, menschlicher und gesellschaftlicher Widersprüche

Das quantentheoretische Bewegungs- und Energieausgleichsprinzip auf der Grundlage des „Weltbilds der Synchronizität" bietet uns einen Schlüssel für die Beantwortung einer unübersehbaren Zahl von Einzelfragestellungen an, die sich in der Vergangenheit trotz größter Forschungsanstrengungen in vielen wissenschaftlichen Disziplinen nicht klären ließen. In all den Fällen, bei denen man vom Kausalitätsprinzip ausging, konnten die Erkenntnisbestrebungen nicht von einem Erfolg gekrönt sein. Es ließ sich allein eine nie zuvor gekannte Datenflut zusammentragen und insofern gelangte man zu mehr „Wissen". Die tatsächlichen Zusammenhänge in Natur und Gesellschaft erschlossen sich hingegen nicht. Wir können im Folgenden nur recht selektiv und oberflächlich einige neue Aspekte einbringen, die zu einem erweiterten Verständnis der in der Natur, beim Menschen und in der Gesellschaft ablaufenden Prozesse führen mögen.

Morphogenese

Wenn es den Physikern nicht gelang, das große Rätsel der Körperbildung auf den Prozess der frequenzgesteuerten Selbst-Organisation zurückzuführen, so musste sich ebenso die Chemie bei der Erforschung der Molekülbildung vor ähnliche Probleme gestellt sehen. Auch heute noch steht die Quantenchemie weiterhin vor endlosen Fragen. Dass bei der Bindung innerhalb und außerhalb des Atoms die „Wechselwirkung" ins Spiel kommt, weiß man mittlerweile. Dass jedoch jedes sich herausbildende System wiederum eine eigene Frequenz realisiert und damit immer weitergehende selbstorganisatorische Prozesse möglich werden, erschloss sich bislang nicht.

Wir jedoch wollen mittlerweile davon ausgehen, dass nicht nur Teilchen sondern alle beliebigen Körper ein tiefgestaffeltes *Körperfrequenzspektrum* realisieren, das wir als „Frequenzgebäude" ansehen dürfen. In der „Lebenszeit" jedes Systems bildet sich gleichermaßen ein systemspezifischer „Lebensraum" heraus. Jede Koordinate dieses Raumes wird einem System beim Prozess des synchronen Energieausgleichs immer über die Frequenz zugewiesen. Unter der Morphogenese können wir die kosmische Körperbildung ganz allgemein verstehen – also nicht nur den Formationsprozess bei Organen und Lebewesen. Im letzteren Fall erschien besonders rätselhaft, wie sich der „Bauplan" der in der DNA gespeicherten Genmaterie bei der Körperbildung konkretisieren kann. Unserer Auffassung nach haben wir es hier mit einem ganz normalen und sich synchron gestaltenden Wachstumsprozess zu tun. Erst wenn beispielsweise eine Zelle innerhalb des Frequenzgefüges ihre genaue Raumkoordinate erreicht hat, kann sie ihre spezifische Funktion ausüben. Es ist kein Zufall, dass wir die Prozesse der Systembildung bislang mit der „Mechanik" erklären wollten. So sprechen wir sowohl von der „Himmelsmechanik" als auch von der „Quantenmechanik", übersehen jedoch in der Regel, dass in jedem Einzelfall Systempartner über eine gemeinsame Frequenz zusammenwirken müssen. Die „Marktmechanik" in der Ökonomie – mit ihrem augenfälligen Bestreben nach einem Gleichgewicht zwischen Angebot und Nachfrage – hätte uns eigentlich nahebringen können, dass jegliches Geschehen durch Wirkungen mit dem Ziel des Energieausgleichs ausgelöst wird.

Ego-organisatorische Prozesse beim Menschen

Bei den Bewegungsabläufen der von uns beobachteten Materie zeigen uns die zu konstatierenden Erscheinungen das der Natur innewohnende Streben nach Energieausgleich an. In ganz besonderem Maße trifft dies auch auf die innerkörperlichen Bewegungsvorgänge bei Lebewesen zu. So werden letztlich die Zellen und Organe des Menschen immer in der Weise versorgt, dass sämtliche notwendigen „Energiepakete" vom Bewusstsein – der Energiebilanz – abgerufen werden. Die Energiebilanzen der Zellen und Organe stellen dann wiederum ihren jeweiligen Systempartnern ihre Überschüsse im Quantenwege zur Verfügung. Laufen die betreffenden Austauschvorgänge reibungslos, dürfen wir von **Gesundheit** sprechen. Gesundheit beruht somit grundsätzlich auf den selbstorganisatorischen Prozessen des Bewusstseins.

Umgekehrt setzt jegliche Ausprägung von **Krankheit** immer auch einen ego-organisatorischen Prozess voraus. Die psychosomatische Medizin erkennt im Ansatz die Einwirkung der psychischen Disposition eines Individuums auf das körperliche Befinden, verkennt allerdings bislang die Polarität des Geschehens und insbesondere die schädigenden Wirkungen der defizitären Energiebilanz in der Gestalt überschüssiger Ego-Energien. Nur letztere können uns erklären, warum die Zellen und Organe eines Individuums „angegriffen" werden. Dabei dürfte der nachfolgende Zusammenhang von entscheidender Bedeutung sein: Soweit ein Individuum mit ausgeprägtem Ego-Bewusstsein seine Aggressionen aufgrund seines Weltbildes oder äußerer Zwänge nicht nach außen ableiten kann, muss es die entsprechenden Ego-Energien nach innen richten. Es kommt dabei zu einem bewussten oder unbewussten Depressionsprozess, der jedoch aus der Sicht der angegriffenen Organe als Aggression aufgenommen wird und ein mehr oder weniger großes Schmerzempfinden und/oder Krankheitsgeschehen auslöst. Die dauerhafte Überwindung von Krankheit ist immer nur durch den gesteigerten Aufbau von Selbst-Energien möglich, bedarf also einer positiven Bewusstseinsveränderung.

Jedes **Unfallgeschehen** in der Außenwelt des Menschen beruht grundsätzlich auf ego-organisatorischen Ursachen. Negativpartner bringen bei allen Unfällen ihre Energiebilanzen über Wirkungsquanten zum Ausgleich. Die vermeintliche „Zufälligkeit" eines Unfallgeschehens beruht auf der Tatsache, dass sich die beteiligten Partner und/oder die betreffenden Beobachter der Wirkungen der Energiebilanzen nicht bewusst sind. In gewisser Weise stellt der Unfall in der Außenwelt das Pendant zu einem inneren Krankheitsgeschehen dar. Unbewusst wird nämlich bei ihm Ego-Energie nicht nach innen sondern nach außen abgeleitet.

Bei jeder Facette von *Kriminalität* tritt der ego-organisatorische Charakter auch für den Beobachter offen zu Tage. Kriminalität wird jedoch bislang nicht als Energieausgleichsphänomen verstanden. Täter und Opfer treffen hierbei über eine gemeinsame Frequenz, die sie zuvor in ihrer Energiebilanz aufgebaut haben, aufeinander. Dass sich prinzipiell die synchronen Prozesse im Kosmos nach dem *Prinzip „außen wie innen und aktiv wie passiv"* gestalten, lässt sich daran erkennen, dass der Täter einer kriminellen Handlung die sogenannte „Aggressionsbilanz" realisiert und das Opfer seiner „Depressionsbilanz" zufolge die Handlung „erleiden" muss. Soweit wir in der Lage sind, uns von unseren bisherigen Weltbildvorstellungen zu befreien, darf man jetzt erkennen, dass wir es beim Handtaschenraub oder im Falle des Beutemachens eines Raubtieres gleichermaßen mit Energieausgleichsphänomenen zu tun haben, die quantenphysikalisch organisiert werden.

Rationalität und Irrationalität

Es dürfte ein wenig verwundern, dass bislang von den Verstandeskräften des Menschen überhaupt keine Rede war. Nehmen sie etwa auf alle natürlichen Schöpfungs- und Zerstörungsprozesse überhaupt keinen Einfluss? Und falls doch, welchen? Hierzu zunächst wieder einmal eine Analogie:

Computer	Mensch
Hardware	Körper
Software/Programme	Energiebilanz

Wie wir alle wissen, können die Arbeitsergebnisse eines Rechners nur so gut ausfallen wie die Programme, die Verwendung finden. Es macht deshalb auch keinen unmittelbaren Sinn, die Hardware zu verbessern, wenn die Software fehlerhaft ist.

Im Falle des Menschen gilt ein identischer Zusammenhang. Ein höheres Maß an Rationalität, die wir mit der Rechenleistung eines Computers vergleichen können, vermag dann keine erfolgversprechenden Ergebnisse zu produzieren, wenn ein mit Fehlern behaftetes Programm zugrunde liegt. Die Programme des Menschen entwickeln sich grundsätzlich aus seiner Energiebilanz, die den quantitativen Ausdruck für sein Bewusstsein darstellt. Mittlerweile dürfen wir davon ausgehen, dass Ego-Programme aus der Perspektive der Natur ihrem Wesen nach immer Fehlerprogramme darstellen, da sie auf Zerstörung und Tod ausgerichtet sind. Auch bei Einsatz eines Höchstmaßes an Rationalität, vermag ein Ego-Programm immer nur destruktive Wirkungen zu entfalten. Wir müssen erkennen, dass nicht unsere Gehirnaktivität, die sich an mehr oder weniger rationalen Vorstellungen orientiert, letztlich für unseren Lebenserfolg den Ausschlag gibt. Immer ist es die vorgeschaltete Energie, die sich aus der Energiebilanz ableitet, die am Ende das Geschehen bestimmt.

Hier nun das breitgefächerte „Spektrum" sämtlicher Energieprogramme des Menschen unter Berücksichtigung seiner mehr oder weniger ausgebildeten Verstandeskräfte:

NEGATIV	POSTIV
EGO-Irrationalität	SELBST-Irrationalität
EGO-Rationalität	SELBST-Rationalität

Wir wollen uns bei der großen Spannbreite menschlicher Energieprogramme nicht länger aufhalten, sondern nur herausstellen, dass jedes Lebewesen, aus dessen Energiebilanz überwiegend positive Selbst-Energie-Überschüsse hervorgehen, problemlos überleben darf. Rationalität ist hierbei nicht vonnöten, da alle Systempartner jedem Selbstsystem freiwillig immer die Energiequanten zur Verfügung stellen, die es gerade braucht. Halten Sie sich vor Augen, wie ein kleines Bakterium ganz ohne Verstandeskraft überleben kann. Stellt es fortlaufend seine Überschüsse aus dem

Positivbereich seines Bewusstseins zur Verfügung, erhält es umgekehrt alles, was es zum Leben benötigt, von seiner jeweiligen Umwelt. Und falls es dann trotzdem noch von einem Ego-System mit einem Antibiotikum beschossen wird, dann mutiert es eben und lebt auf einer höheren Evolutionsstufe munter weiter – ganz ohne jeden Verstand.

Kann somit der mit seinen Verstandeskräften gesegnete Mensch aus seiner Rationalität keinen eigentlichen Nutzen ziehen? Doch, unbegrenzt! Allerdings immer nur dann, wenn er sich im Selbstbereich seines Bewusstseins bewegt. Dort ist es ihm möglich, durch den Einsatz seines Denkvermögens Unvorstellbares zu leisten. Dabei kann der freiwillige Energierückfluss seiner Systempartner grenzenlose Ausmaße erreichen. Setzt er hingegen seine Ego-Rationalität in gesteigertem Ausmaß ein, so formieren sich im Kosmos die auf einer identischen Frequenz schwingenden Negativ-Systeme, lösen zunächst Schadenswirkungen aus und schaffen am Ende das Ego-Individuum – so „intelligent" es auch erscheinen mag – aus der Welt. Dass ein Ego-System dies nicht erkennen kann, hat mit seiner eingeschränkten Einsichtsfähigkeit zu tun, dass alle ihm während seiner Lebenszeit begegnenden Wirkungen über sein Bewusstsein immer selbstverursacht sind. Der nötige Bewusstwerdungsprozess gestaltet sich bei allen Ego-Systemen vor allem deshalb so schwierig, da sich das Zerstörungspotenzial von feindlichen Ego-Systemen äußerlich zunächst nicht unmittelbar erkennen lässt. Nur mit Eintritt der Wirkung wird es zur Realität. Hier begegnet uns also erneut das bislang so rätselhafte Materie-Antimaterie-Paradoxon, hinter der sich die seltsame Asymmetrie der Natur bei der Prozessumkehr verbirgt. Ein eingeweihter Naturwissenschaftler vermutet allerdings bereits heute zu Recht, dass das Leben im Kosmos ganz und gar unmöglich wäre, wenn die besagte Asymmetrie nicht existierte. Wenn man noch etwas tiefer in die Dinge eindringt, erkennt man plötzlich, dass Gott mit seinem Drehimpuls des Lichts Rechtshänder sein muss. Umgekehrt wirkt dann aber auch der Teufel mit seinem linkshändigen Drehimpuls.

Doch zurück zum Rätsel „Rationalität versus Irrationalität", zu der auch unsere Ausgleichsformel

$$e = m \left(\, l/t \, \right)^2$$

einen Beitrag leisten kann. Wenn man sich bewusst wird, dass der Mensch mittels seiner Verstandeskräfte in der Lage ist, sowohl die Masse als auch die Geschwindigkeit bei all seinen technischen Ungeheuern in immer erweiterter Dimension zu steigern, so vermag die Ego-Rationalität in grenzenloser Weise für Energieausgleich zu sorgen. Man stelle sich etwa vor, welch verheerende Wirkung eine mit einem nuklearen Sprengkopf bestückte Rakete bei einem feindlichen Ego-System entfalten kann, das auf derselben Frequenz schwingt. Insofern sind also Masse und Geschwindigkeit für das Überleben eines Ego-Systems vermeintlich von erstrangiger Bedeutung. Deshalb sind seit Urzeiten bekanntlich alle Ego-Systeme darauf aus, nach Möglichkeit sowohl ihre Masse als auch ihre Geschwindigkeit zu steigern. Doch warum mussten dann die Dinosaurier aussterben? Warum bringt man ihr Aussterben auf der Erde sogar mit dem Einschlag eines großen Meteoriten in Verbindung? Und weshalb durfte das Bakterium bis heute überleben? Alles nur Zufall? Eine Laune der Natur?

Determiniertheit und freier Wille

Stellen wir uns vor, dass wir von einer Hochhausterrasse aus ein Postauto beobachten. Wir nehmen an, dass der Fahrer des Wagens gerade dabei ist, Pakete zu verteilen. Aber wissen wir auch, welches Haus er als nächstes Ziel ansteuern wird, um ein Paket abzuliefern? Nein, das werden wir bei der reinen Beobachtung von unserer Terrasse aus niemals im Voraus sagen können. Eins allerdings wissen wir genau: Pakete setzen in der Regel einen Bestellvorgang voraus. Es ist in diesem Fall immer irgendein System beteiligt, das die Wirkung abruft. Ist das auch jedem Quantenphysiker bewusst? Oder macht sich ein auf seine Gravitation eingeschworener Astrophysiker klar, dass Pakete auch im Kosmos grundsätzlich einer Bestellung bedürfen? Nur wenn wir verstehen, dass die letzte Ursache für jegliches Geschehen grundsätzlich im Bewusstsein – der Energiebilanz – zu suchen ist, lässt sich die Frage nach der Determiniertheit oder Indeterminiertheit eines natürlichen Geschehens klären. Und auch nur dann erhalten wir eine Antwort, ob und inwieweit der Mensch bei der Gestaltung seines Schicksals uneingeschränkt über einen freien Willen verfügen darf.

Eigentlich gingen viele vorwissenschaftliche Vorstellungen und insbesondere dann auch die Naturwissenschaft bis zum Ende des 19. Jahrhunderts im Wesentlichen davon aus, das das Weltgeschehen irgendwie deterministisch ablaufen müsse. Wenn uns nur genügend Information zur Verfügung stände, so ließe sich immer auch voraussagen und berechnen, wie sich die Dinge in Zukunft weiterentwickeln würden. Durch die Quantenphysik wurde diese klare Vorstellung vom Naturgeschehen zum Anfang des abgelaufenen Jahrhunderts grundlegend erschüttert. Heutzutage gehen nahezu sämtliche Wissenschaftler sowie die große Mehrheit aller übrigen Zeitgenossen von einem indeterministischen Weltbild aus. Genaue Vorhersagen für ein zukünftiges Geschehen lassen sich nicht treffen, so sieht man es heute. Letztlich sei auch das Schicksal des Menschen irgendwie der Willkür der Naturgewalten unterworfen. Die Existenz des freien Willens beim Menschen könne man zwar nicht in Abrede stellen. Daneben aber treibe insbesondere der Zufall immer aufs Neue sein Unwesen. Wenn man überhaupt den Zufall ein wenig eingrenzen wolle, so habe man sich nach Möglichkeit statistischer Methoden der Wahrscheinlichkeitsrechnung zu bedienen, die allerdings zu keiner Zeit genauere Aussagen für einen Einzelfall sondern immer nur für ein Gruppenverhalten liefern könnten.

Was ließ nun Albert Einstein bis zum Ende seines Lebens beharrlich daran festhalten, dass die Abläufe beim kosmischen Geschehen auf unabänderlichen Naturgesetzlichkeiten beruhen müssten und dass im Universum der Zufall keinen Platz habe? Mit seinem Determinismus setzte er sich in Gegensatz zu nahezu sämtlichen Quantenphysikern seiner Zeit und seine unerschütterliche Überzeugung, dass „Gott nicht würfelt", dürfte bis heute bestenfalls als ein schönes Bonmot, nicht aber als realistische Möglichkeit für ein Weltbild angesehen werden, das weder Willkür noch Zufall kennt. Könnte Einstein mit seinem so untrüglichen Gespür für die durchgängige Harmonie und Logik der Natur am Ende eben doch noch in letzter Konsequenz Recht behalten?

Wir erinnern uns, dass wir an früherer Stelle festhielten, dass sich Einstein in seinen deterministischen Überzeugungen auf das recht eng gefasste Weltbild einer „lokalen Kausalität" stützte, dem die Vorstellung zugrunde liegt, dass sich alle natürlichen Abläufe in „zeitlichem Nacheinander" gestalten müssen. Demgegenüber unterstellen wir hier in unserer Abhandlung das von uns so genannte „Weltbild der Synchronizität", bei dem sich jegliches Geschehen grundsätzlich aus Wirkungsquanten herleitet, die auf den synchron erfolgenden Energieausgleich gerichtet sind. Und doch gelangen wir, wenn auch auf anderem Wege, zu einem identischen Ergebnis wie Einstein, das sich tatsächlich auf die so wunderbare Formel bringen lässt: „Gott würfelt nicht". Ein unabänderliches Naturgesetz bestimmt die kosmischen Prozesse und gestattet an keiner Stelle, dass soetwas wie Zufall oder Willkür jemals eingreifen könnte. Alles entspringt dabei dem Bewusstsein der jeweiligen Materie. Ob sich diese Materie, sei sie belebt oder unbelebt, ihrer selbst bewusst ist, steht auf einem anderen Blatt. Doch es gibt gute Gründe, die uns annehmen lassen, dass das kosmische Geschehen in allem die Zielsetzung verfolgt, dass sich „das Bewusstsein seiner selbst bewusst" werden dürfte.

Wenn uns am Ende nun tatsächlich ein deterministisches Weltgesetz sämtliche Naturabläufe erklären könnte, ließen sich dann nicht eben doch Voraussagen treffen, was die Einzelschicksale von uns Menschen anbelangt? Das sicher nicht! Zumindest ist ein Beobachter nicht dazu in der Lage. Und in diesem Sinne haben die Quantenphysiker selbstverständlich mit ihrer Behauptung Recht, dass sich zu keiner Zeit exakte Vorhersagen für das Einzelverhalten von Quanten machen lassen. Doch deshalb wird das kosmische Geschehen noch lange nicht indeterministisch oder gar im Wege von Wahrscheinlichkeiten gesteuert. Denn der Empfänger des Pakets, das ihm vom Postauto gebracht wurde, muss im Normalfall wissen, dass er es selbst bestellt hat oder weshalb es ihm zugestellt wurde. Und so kann theoretisch jedes einzelne Individuum an den Wirkungen, die ihm widerfahren, erkennen, wie es um die eigene Energiebilanz, die immer auch seinem Bewusstsein entspricht, bestellt ist.

Wir halten also fest: Im Kosmos existiert kein Platz für irgendeine Ausprägung von Zufall oder Willkür. Insofern sind die Abläufe im Universum als streng deterministisch anzusehen, erscheinen aber dem Beobachter sowie im Regelfall auch dem „Besteller von Wirkungen" so lange als indeterministisch, wie er sich der Wirkungen des Bewusstseins noch nicht bewusst geworden ist.

Was uns zur abschließenden Frage nach der Existenz des freien Willens beim menschlichen Individuum bringt: Denken wir hier noch einmal an das Schicksal der Dinosaurier zurück! Warum mussten sie aussterben? Und warum durfte das Bakterium bis heute überleben? Dem Ordnungsprinzip der Ego-Organisation zufolge, zieht ein Negativsystem grundsätzlich Partnersysteme an, die sich auf identischen Frequenzen bewegen. Am Ende kommt es dann stets zu Beschädigung, Verletzung, Zerstörung, Untergang und Tod im Wege des Energieausgleichs. Ist vorstellbar, dass ein Ego-System, die ihm zur Verfügung stehende Masse wie auch seine Geschwindigkeit – etwa über seine ego-rationale Technik – so steigern kann, dass es sich fortwährend zunehmend größere Energiemengen einzuverleiben vermag und deshalb dauerhaft als „Sieger" auf allen irdischen Schlachtfeldern hervorgeht? Nun, wir haben die Frage bereits an früherer Stelle in der Weise beantwortet, dass wir es dem Planckschen Wirkungsquantum verdanken, welches uns vor der geschilderten Horrorvision bewahrt. Immer aufs Neue treten in der Natur Ego-Gegner auf, die mit grenzenloser und dabei kompensatorischer Wirkung jedem irdischen Dinosauriersystem am Ende den Garaus machen. Im Verlaufe der Urgeschichte unseres Planeten kamen solcherart

Gegner auch aus dem Weltraum. Heute sind es wie schon zu früherer Zeit insbesondere Erdbeben, Tsunamis, Vulkanausbrüche, Tornados sowie alle übrigen Negativpartner natürlichen Ursprungs. Mittlerweile müssen wir jedoch ebenso die Reaktorkatastrophen, Unfälle aller erdenklichen Art, Epidemien, Aufstände, Bürgerkriege, Weltkriege und alle übrigen Plagen dieser Welt der massenhaften Existenz von individuellen und kollektiven Ego-Systemen anlasten.

Und so gelangen wir schließlich in der Frage nach dem freien Willen des Menschen zu folgendem Ergebnis: Ego-Systeme können auf unserer Welt zu keiner Zeit frei über ihr Schicksal entscheiden. Subjektiv verfügen sie wohl über einen freien Willen, von dem sie in der Regel nicht wissen, dass er sie schnurstracks ins Verderben führt. Demgegenüber vermögen alle Selbst-Systeme – unabhängig davon, ob sie rational, irrational oder überhaupt nicht denken – völlig frei über ihr Schicksal zu bestimmen. Dem freien Willen für sämtliche Lebewesen sind somit immer dort natürliche Grenzen gesetzt, wo die Negativenergien des Bewusstseins übermächtig werden.

Schuld und Schulden

Die sich in der Energiebilanz von Lebewesen kumulierenden Defizite der Ego-Systeme lassen sich immer auch als Schuld gegenüber der Mitwelt und der Natur im Allgemeinen begreifen. Man wird sich vielleicht erinnern, dass bereits an früherer Stelle von der „psychoenergetischen Schuld" die Rede war. In ihr offenbart sich ein Kreativitätsdefizit, das grundsätzlich auf Ausgleich drängt, damit die natürliche Ordnung nicht dauerhaft in Unordnung umschlagen kann. Wie der Ausgleich tatsächlich erfolgt, wissen wir mittlerweile. Prinzipiell sind es Wirkungsquanten, die dafür Sorge tragen, dass die „Bäume nicht in den Himmel wachsen" können. Dabei geht die Natur zu keiner Zeit willkürlich vor.

In der Sphäre von Mensch und Gesellschaft hat sich mittlerweile eine ganz besondere Konstellation im Verlaufe der Entwicklung herausgebildet, die in der aktuellen Gegenwart eine – in vielerlei Hinsicht – ungeahnte Bedeutung für das weitere Schicksal der Menschheit erlangen dürfte. Es gilt nämlich, sich der Tatsache klar bewusst zu werden, dass sich die psychoenergetische Schuld des Menschen in der modernen Welt materialisieren kann und sogar quantifizieren lässt. Denn hinter allen Finanzschulden unserer Welt verbirgt sich letztlich auch ein Großteil der „psychoenergetischen Schuld" des Menschen. Im Wege der materiellen Verschuldung können die Ego-Systeme unserer Welt – Menschen, Unternehmen, Staaten – im Vorgriff auf die Zukunft bei ihren Systempartnern „Energien auf Zeit ausleihen", um damit die verschiedensten Ego-Bedürfnisse vorzeitig zu befriedigen. Mannigfaltige Konsum- und Prestigewünsche und das Streben nach Wachstum sind in der Regel die grundlegenden Ego-Motivationen der Schuldner. Umgekehrt ziehen es die Gläubiger vor, ihre Konsumwünsche für eine begrenzte Zeit einzuschränken oder zurückzustellen.

In der Welt unserer Tage wird uns mittlerweile fortwährend vor Augen geführt, dass jede beliebige Finanzschuld am Ende stets ausgeglichen werden muss. Der Ausgleich erfolgt dabei in völlig unterschiedlicher Weise. In allererster Linie stellen die Gläubiger an ihre Schuldner den Anspruch, dass letztere über eine erhöhte Kreativität die ihnen vorübergehend zur Verfügung gestellten Energien – einschließlich Zins und Zinseszins – zum Ende der vereinbarten Laufzeiten zurückerstatten. Sind die Schuldner hierzu nicht in der Lage, kommt es zum Konflikt, der unter Umständen „tödlich" enden kann, wenn wir etwa an den Fall eines überschuldeten Unternehmens denken. Die übliche „Lebens- und Sterberegel" lautet in diesem Lebensbereich ganz genauso wie in der Natur allgemein:

„Ein Unternehmen läuft Gefahr, dann gegen seinen Willen gefressen zu werden oder durch Zerfall sterben zu müssen, wenn sein Unvermögen (Schulden) das ihm eigene Vermögen überschreitet."

Bei der Bilanz eines Unternehmens haben wir es also ebenfalls immer mit einer Energiebilanz zu tun, aus der sich das Vermögen auf der Aktivseite und das Unvermögen (Schulden) auf der Passivseite herauslesen lassen. Der Tod des Unternehmens ist stets auf erhöhte Ego-Energien (Kosten) und/oder mangelnde Selbst-Energien(Erträge) zurückzuführen. Die Verschuldung im Interesse eines erhöhten Wachstums kann hierbei besonders fatale Wirkungen entfalten, sobald die den jeweiligen Systempartnern (Kunden) zur Verfügung gestellten Energien (Güter und Dienstleistungen) die Ego-Energien nicht mehr abdecken können. Als Folge davon verleiben sich dann sie übrigen „Unternehmenstiere" das gescheiterte Betriebswesen ein, wenn es nicht sogar ganz zerfallen muss. Alles entwickelt sich also nach exakt denselben Prinzipien wie in der Natur.

So „grausam" uns auch die soeben erläuterte „Lebens- und Sterberegel" auf den ersten Blick erscheinen mag, so verbirgt sich doch ein tiefer Sinn hinter ihr. Sobald der Mensch nämlich Anstalten trifft, das auf beständigen Ausgleich drängende Naturgesetz außer Kraft zu setzen, ist mit den verhängnisvollsten Rückwirkungen seitens der Natur zu rechnen. So haben die modernen Staaten unserer Welt ihren Menschen suggeriert, dass nicht letztere selbst ihr eigenes Schicksal in die Hand zu nehmen hätten. Stattdessen müsse eine übermächtige Bürokratie dafür zu sorgen, dass die jeweiligen „Schutzbefohlenen" gegen die „Lebensrisiken" von Armut, Not, Unfall, Krankheit und Alter sowie gegen alle übrigen „Schicksalsschläge" abzusichern seien. Im Ergebnis: Das Naturgesetz durfte somit in der modernen Welt nicht weiterhin seine Ausgleichswirkungen im Falle der Realisierung übergroßer Ego-Energien entfalten. An seine Stelle mussten eine ungeheuerliche Gesetzesflut und Zwangsmaßnahmen aller Art treten, die in Zukunft in allen Gesellschaften die „willkürliche" Ordnung der Natur zu korrigieren oder gar abzulösen hätten. Doch man hatte die Rechnung ohne den Wirt gemacht. Denn der Wirt ist und bleibt immer die Natur.

Zunächst erweckte alles den Anschein, als ob am Ende schließlich doch noch alles gut werden könnte. Das globale Wachstum erblühte weltweit und erfasste gar die vormals sozialistischen Staaten. Warum ließen sich hingegen in so vielen Regionen unseres Globus die Hungerkatastrophen nicht eingrenzen? Weshalb steuerte die Welt nicht endlich auf eine ewige Friedensordnung zu, nachdem der schwelende Ost-West-Konflikt überwunden war? Wie musste man sich den Terror, die Bürgerkriege und Revolutionen in sämtlichen Teilen der Erde erklären? Und wieso verschwor sich am Ende selbst noch die Natur persönlich gegen den Menschen und bedrohte ihn in zunehmendem Maße mit ihren Erdbeben, Tsunamis, Hurrikanen, sintflutartigen Überschwemmungen, Vulkanausbrüchen, Tornados, Dürrekatastrophen, Kälteeinbrüchen, Erdrutschen, Waldbränden und was der natürlichen Plagen mehr sein mögen? Worauf müssen wir die kleineren und ungeheuren Katastrophen in unserer technischen Welt zurückführen? Etwa auf das so unergründliche „Restrisiko" oder auf eine „unglückliche Verkettung von Umständen" beim mittlerweile erfahrenen Durchbrennen von Atomreaktoren? Wüteten hier wieder einmal der Zufall und die Willkür der Naturgewalten?

Inzwischenen kennen wir die Antwort auf alle Fragen. Es ist das Bewusstsein, das über die Energiebilanzen der beteiligten Systempartner für Ausgleich sorgt. Und in diesem Zusammenhang spielt die Verschuldung des Menschen auf der Erde die verhängnisvollste Rolle, die man sich überhaupt nur denken kann – ganz besonders dann, wenn wir es mit Staatsverschuldung zu tun haben. Staaten können bislang auf unserem Planeten im Wesentlichen keine eigene Kreativität entfalten. Umgekehrt realisieren sie jedoch über ihre gewaltigen Bürokratien, Gesetzesmaschinerien, Steuersysteme, Rüstungsapparate, Militäroperationen, Verschwendungsorgien, Korruptionsexzesse sowie ein breitgefächertes Instrumentarium von Zwangsmaßnahmen aller Art Ego-Energien in einem Ausmaß, wie es unser Planet in seiner Evolution niemals zuvor erlebt hat. In den Staatschulden in aller Welt quantifizieren sich diese kollektiven Ego-Energiedefizite und rufen allerorten natürliche und gesellschaftliche Ego-Partner auf den Plan. Gemeinsam bewegt man sich in der Folge auf dem Leitstrahl des jeweiligen Bewusstseins aufeinander zu, um am Ende in Zerstörungsprozesse nie gekannter Dimension einzutreten. Die ansonsten so friedliebende Natur muss dann plötzlich ebenso an dem Vernichtungsgeschehen als Systempartner teilnehmen. Denn sie kann es nicht zulassen, dass ein Systemwachstum hauptsächlich über die Ego-Energien der Verschuldung forciert wird und nicht etwa im Wege der freiwilligen Selbst-Organisation. Denn wenn sie derlei Exzesse auf Dauer gestattete, so müsste das kreative Leben auf unserem Planeten letztlich ersterben. Ego-Partner könnten sich nämlich in diesem – nicht vorgesehenen – Fall ohne die Entfaltung eigener Kreativität bis zum Sanktnimmerleinstag sämtliche Energieressourcen unserer Welt aneignen.

Ökologisch engagierte Menschen und Gesellschaften erspüren mittlerweile im Ansatz diese Zusammenhänge, verkennen allerdings in der Regel, dass es nicht das Wachstum ist, das die Natur beschränken will. Es ist ausschließlich ein über die Verschuldung forciertes Wachstum, das im Interesse des weiteren Lebens auf unserem Planeten vom „kosmischen Ausgleichsgesetz" nicht akzeptiert kann. Solange von Mensch und Gesellschaft die Gleichgewichtsregel der ausgeglichenen Energiebilanz respektiert wird, dürfen alle gesellschaftlichen Systeme ohne irgendeine Behinderung wachsen. Werden hingegen zunehmend Energiedefizite in der Wirkgestalt exzessiver Schuldenlasten aufgebaut, setzt sich die Natur zur Wehr. Angesichts dieses Zusammenhangs ist es geradezu absurd, wenn Staaten ökologische Zielsetzungen zur „Rettung der Natur" propagieren und zur gleichen Zeit in immer hemmungsloserer Weise die Verschuldung vorantreiben.

Die Rettung vor dem sich in Natur und Gesellschaft in der aktuellen Gegenwart in dramatischer Weise ankündigenden Zerstörungsgeschehen liegt somit zu keiner Zeit darin, dass man immer aufs Neue fällige Kredite durch eine weiter explodierende Schuldenlast abzudecken versucht. Gläubiger und Schuldner stehen nämlich über ihre Energiebilanzen in enger Verbindung zueinander, die ausnahmslos der bewusstseinsenergetischen Steuerung unterworfen ist. Über entsprechende Wirkungsquanten werden im Falle exzessiver Verschuldung Börsenpaniken, Bankenkrisen, Unternehmungspleiten, Massenarbeitslosigkeit, Währungskrisen, Inflation, Schattenwirtschaft, Flüchtlingskrisen, der Kollaps ganzer Sozialsysteme und Staatsbankrotte ursächlich ausgelöst. Sobald die Gläubiger spüren, dass sie die zur Verfügung gestellten Energien nicht mehr zurückerhalten könnten, setzt eine panikartige Flucht in alle nur vorstellbaren Richtungen ein. Dies hat gewöhnlich den kaskadenartigen Zusammenbruch der Finanzmärkte zur Folge. Daraufhin erfolgende kollektive Zwangsmaßnahmen helfen ebensowenig weiter, da es das Naturgesetz nicht zulassen kann, dass Lebewesen im Wege des Zwangs durch die Ego-Systeme in erhöhtem Maße kreative Selbst-Energien zur Verfügung stellen. Vielmehr werden so ehemalige Selbst-Systeme in ihrer Überlebensangst nunmehr selbst zu feindlichen Ego-Partnern oder fliehen ganz einfach die Schauplätze aller Auseinandersetzungen. Eine ausufernde Kriminalität, Gewaltakte und Terror aller erdenklichen Art, Generalstreiks, blutige Aufstände, Bürgerkrieg, Revolution und Sezession zerrütten am Ende die Staatswesen und führen so den Zerfall der ehemaligen Ordnung herbei.

Doch es existiert zu unserem Leidwesen eine noch weitaus bedrohlichere Variante des bewusstseinsenergetisch ausgelösten Wirkungsgeschehens, sobald die Weltstaatsverschuldung in exzessiver Weise ausufert. Es lässt sich nämlich beobachten, dass nahezu alle Staaten den durch die Überschuldung ausgelösten Zerfall ihrer Gesellschaftssysteme nicht so ohne weiteres hinnehmen und „gegensteuern" wollen. Angesichts der überall einsetzenden Nöte sollen dann die Notenbanken allein oder im Verbund mit den Zentralbanken anderer Wirtschaftsräume das sich krisenhaft zuspitzende Schuldendilemma aus der Welt schaffen. Am Ende werden so auf elektronischem oder maschinellem Wege „wertlose Finanzmittel" in Umlauf gebracht, die buchstäblich aus dem absoluten Nichts produziert wurden und für die keinerlei realistische Deckung mehr existiert. Die gegenwärtig weltweit explodierenden Defizite der Staaten und Banken sollen auf diese Weise künstlich und im Wege einer ungeheuerlichen Papierflut mit gedrucktem Geld ausgeglichen werden, ohne dass dafür noch irgendeine kreative Leistung erbracht wird. Dieses Vorgehen gründet auf den extremsten Ego-Energien, die Staaten zu realisieren vermögen. Es kann den Untergang von ganzen Völkern heraufbeschwören, wie es uns ein Blick in die Geschichtsbücher lehrt. So wurden die beiden Weltkriege des vergangenen Jahrhunderts nur über die Druckerpressen der Zentralbanken finanziert. Ego-Staatschuldner, die bereits zur damaligen Zeit überschuldet waren, prallten im Wege einer gemeinsamen Frequenz aufeinander und lösten so die bis dahin größten Katastrophen in der Menschheitsgeschichte aus.

Es gilt also zu erkennen: Die fortgesetzte und massive Verhinderung des durch die Natur in einem Frühstadium vorgesehenen Ausgleichgeschehens verursacht in der Regel zunehmend umfassendere natürliche und gesellschaftliche Desaster, sobald große Staatschuldner im Wege exzessiver Verschuldung oder gar des Gelddruckens intervenieren. In der untergegangenen UdSSR sowie in Japan erteilten uns die nuklearen Reaktorkatastrophen einen Hinweis darauf, womit bei kollektiven Ego-Staatswesen zu rechnen ist, wenn ihre Staatsfinanzen vollständig zerrüttet sind. Die asymmetrischen Abläufe bei jeglichem Zerstörungsgeschehen, die dem diskontinuierlichen Charakter aller Wirkungsquanten zuzurechnen sind, lassen die Vermutung zu, dass unsere Welt auf apokalyptische Verhältnisse nie gekannter Dimension zusteuert, wenn die Überschuldung der Weltstaaten nicht schnellstmöglich eingegrenzt wird oder sogar noch rasantere Fahrt aufnimmt. Es ist nicht mehr auszuschließen, dass es primär die hinter den Weltstaatsschulden stehenden kollektiven Ego-Energien sein werden, die die Lebensverhältnisse auf unserem Planeten in einer Weise umgestalten könnten, die alle bisherigen Vorstellungen des Menschen übersteigt.

8. Die Entschlüsselung paradoxer Phänomene im Bereich der Grenzwissenschaften

Spätestens mit der so einschneidenden Entdeckung von Max Planck hätte nicht nur der Naturwissenschaft sondern der Mehrzahl aller geistig interessierten Menschen bewusst werden können, dass hinter dem Weltgeschehen ein großes Geheimnis verborgen sein musste und dass unsere traditionellen Anschauungen ungeeignet sind, die Wirklichkeit auch nur annähernd in zutreffender Weise zu erfassen und zu beschreiben. Als überaus tragisch muss man es ansehen, dass die verzweifelte Suche der Quantenphysiker in den zwanziger Jahren des letzten Jahrhunderts mit dem Ziel, zu einem umfassenderen Verständnis der Quantentheorie zu gelangen, am Ende nahezu gänzlich aufgegeben wurde. Nur so lässt sich vielleicht verstehen, dass das vergangene Jahrhundert zur wohl schrecklichsten Epoche wurde, die je über die Menschheit hereingebrochen war. Mit allen ihm zu Gebote stehenden Mitteln und Kräften unternahm der Mensch den Versuch, anstelle der in die Natur hineingelegten Ordnung seine eigenen Gesetzmäßigkeiten zu setzen. Dabei stützte sich das kollektive Bewusstsein auf ein breitgefächertes Spektrum von Ideologien jeder nur denkbaren Couleur, die sich mittlerweile allesamt als natur- und menschenfeindlich entpuppen.

Doch es existierten zu allen Zeiten auch Menschen, die sich weitgehend vom Mainstream des hergebrachten Denkens fernhalten konnten und rätselten, wie man sich die verschiedensten Naturphänomene der verwunderlichsten Art erklären könne, die sich in kein welttheoretisches Muster einzufügen schienen. Neben den allgemein anerkannten Fachdisziplinen der Wissenschaft konnte sich auf diese Weise eine Forschungsrichtung entwickeln, die sich selbst als „Grenzwissenschaft" bezeichnete, dabei allerdings zu keiner Zeit in irgendeiner Art und Weise von der eingeschworenen Fachwelt ernstgenommen wurde. Gewöhnlich mussten Grenzwissenschaftler ein hohes Maß an Hohn und Spott über sich ergehen lassen, soweit man sich überhaupt mit ihnen auseinandersetzte. Vorzugsweise hatte sich die etablierte Wissenschaft darauf verlegt, die Existenz aller Naturphänomene, die nicht in das herkömmliche Weltbild passten, schlichtweg zu leugnen oder ganz einfach zu übergehen.

Dabei hätte doch gerade eine gründliche Erforschung sämtlicher paradox anmutenden Naturerscheinungen die vielversprechende Aussicht eröffnen können, die so augenfälligen Begrenzungen aller traditionellen Anschauungen zu überwinden. Der Enträtselung eines Teils all dieser „verwunderlichen Phänomene" wollen wir uns jetzt zuwenden. Mittlerweile verfügen wir dazu über ein geeignetes Aufklärungsinstrumentarium. Es kann sich vor allem darauf stützen, dass wir annehmen dürfen, dass durch das Bewusstsein – die Energiebilanz – die Raumzeit der unbelebten wie besonders auch der belebten Materie festgelegt wird. In den Mittelpunkt der Betrachtung rückt dabei die so einzigartige Rolle des Lichts.

Das paradoxe Phänomen der Wahrnehmung mit und ohne Sinnesorgane

Wir müssen davon ausgehen, dass bei Sinneswahrnehmungen von Lebewesen zwischen Sender und Empfänger eine frequenzabhängige Resonanz besteht, die zum Energieausgleich führt. Johann Wolfgang von Goethe formulierte das Prinzip der Verbindung von Systempartnern über eine gemeinsame Frequenz in den Worten seiner damaligen Zeit wie folgt: „Wär' nicht das Auge sonnenhaft, das Licht der Sonne könnt' es nie erblicken". Stets bestimmen die spezifischen Energiebilanzen, welcherart Wahrnehmungen sich bei Lebewesen einstellen. Willkürliche Prozesse bei der genauen Perzeption von Selbst-Systempartnern und/oder Ego-Gegnern existieren hierbei nicht. In seiner Wahrnehmung trifft jedes Lebewesen grundsätzlich auf den „Spiegel seiner selbst".

Unterschiedliche biologische Lebensformen realisieren letztlich voneinander abweichende „Weltbilder", wie in vielfältigen Versuchen bereits nachgewiesen wurde. Diese beeinflussen das frequenzgesteuerte Aufnahmegeschehen durch die Sinnesorgane in ganz entscheidender Weise. Auch die Wahrnehmung ohne direkte Beteiligung der Sinnesorgane ist möglich. Der englische Biologe Rupert Sheldrake hat diese paradoxe Erscheinung, wie sie sich bei Mensch und Tier über das „Gefühl des Angestarrtwerdens" offenbart, eingehend untersucht, erforscht und beschrieben. Unsere Erklärung lautet in allen Fällen bislang noch rätselhafter Wahrnehmungsphänomene: Prinzipiell sind es Quantenprozesse, die das gesamte Geschehen bestimmen und die stets vom Bewusstsein aller Lebewesen von frequenzbestimmenden Energiebilanzen abgerufen werden.

Das paradoxe Bewegungsverhalten von Lebewesen

Pflanzen, Tiere und auch Menschen stellen sich bei der Energieaufnahme durch ihre Bewegungen bewusstseinsenergetisch auf ihre Energiequellen ein. Bei diesem Prozess bedarf es erst in der letzten Phase der Wahrnehmung über die Sinnesorgane. Ausschlaggebend für das Aufspüren aller verwertbaren Lebensenergien ist, dass wir es grundsätzlich mit einem nichtlokal wirkenden Ordnungsprinzip zu tun haben. Überspitzt formuliert: Auch eine blinde Henne findet immer dann ihr Korn über große Entfernungen hinweg, wenn es ihr eine entsprechende Energiebilanz gestattet.

Wenn dann auch etwa ein Säugling unbewusst zur Brust der Mutter drängt, so verbirgt sich dahinter in letzter Konsequenz nicht irgendein „Instinkt" sondern das Organisationsprinzip des Energieausgleichs. Mit dieser Erkenntnis findet die Diskussion, inwieweit „Instinkte" oder ein „intelligentes Verhalten" in der Natur vererbbar sind, ein Ende. Lebewesen bewegen sich grundsätzlich auf die Systempartner zu, die ihrer Energiebilanz entsprechen. Nur so wird letztlich wirklich verständlich, wie es beispielsweise Tieren gelingen kann, bekömmliche und schadstofffreie Nahrungsquellen bis hin zu Heilkräutern auszumachen. Die so erstaunlichen Phänomene sind im Ursprung nicht ihrem Erfahrungswissen zu verdanken, sondern auf – die individuell wirkenden – Energiebilanzen zurückzuführen. Allerdings beeinflusst das Erfahrungswissen als wesentlicher Bestandteil des Weltbildes letztlich auch die Energiebilanz.

Selbst wenn es bis zum heutigen Tage vom naturwissenschaftlichen Weltbild immer noch weitgehend übergangen wird: Viele Pflanzen und Tiere richten sich nicht am Sonnenturnus sondern tatsächlich am Mondkalender aus. Es sind eben nicht nur die Wasserteilchen, die nach Energieausgleich streben und uns so die Gezeiten unserer Ozeane erklären. Für die betreffenden Pflanzen und Tiere wird man zukünftig ebenso von mondabhängigen „Gezeiten" ausgehen müssen, wie es ursprünglich bereits unsere Vorfahren wussten. Auch an diesen Naturerscheinungen wird indirekt klar, dass der „Gezeiteneffekt" des Mondes nicht auf die „Gravitation" sondern auf das Streben nach Energieaugleich zurückgeführt werden muss.

Von vorrangiger Bedeutung für die Enträtselung des oftmals so befremdend anmutenden Weltgeschehens dürfte die nachfolgende Erkenntnis sein: Sobald sich bei einem beliebigen natürlichen System mit großer Masse über eine Veränderung der Energiebilanz ein Frequenzwechsel einstellt, müssen sich die übrigen beweglichen Umweltsysteme in der Weise neu formieren, dass sie – über Zeit und Entfernung hinweg – durch ein verändertes Bewegungsverhalten reagieren. Dies liefert uns die Erklärung, aus welchem Grunde sich bestimmte Tiere rechtzeitig und noch vor Eintreten eines Erdbebens oder dem Ausbruch eines Vulkans von den entsprechenden Gefahrenquellen entfernen können und müssen. Mittels ihrer Bewegungen stellen sie sich – ohne sich dessen bewusst zu sein – frequenzgesteuert auf die veränderten Energiebilanzen ihrer natürlichen Gegner in der Weise ein, dass sich ein exaktes Raumzeit-Koordinatensystem herausbildet. Jedes Lebewesen befindet sich also zu jeder Zeit immer genau an dem Ort, der in allem seiner Energiebilanz entspricht.

So wird nunmehr deutlich, auf welche tatsächlichen Zusammenhänge wir das so erstaunliche Orientierungs- und Wanderungsverhalten aller

Zugvögel zurückzuführen haben. Oder, um ein anderes Beipiel zu nennen: Warum müssen Wale in vielen Fällen direkt auf die Küste zusteuern, um dann am Strand zu verenden, ohne dass sie der Mensch von ihrem selbstmörderischen Bewegungsverhalten abbringen könnte? Ja, auch hier bestimmt grundsätzlich die Energiebilanz die Raumzeit der Tiere in dem Sinne, dass sie von der energetischen Struktur der Küste angezogen werden. Denken wir auch an das Phänomen, dass Wildtiere oder Schlachtvieh nach Möglichkeit vom Menschen rechtzeitig Abstand nehmen müssen oder besonders unruhig werden, sobald die – raumzeitlich getrennten – Ego-Energien eines Jägers oder Metzgers signalisieren, dass man ihnen nach dem Leben trachtet.

Sämtliche von Rupert Sheldrake vorgelegten Forschungsergebnisse werden nun endlich ihre physikalische Erklärung finden und damit ihre wissenschaftliche Bestätigung erlangen dürfen. Menschen sind selbstredend den hier aufgezeigten Prinzipien gleichfalls unterworfen. Die Tatsache, dass das Bewusstsein Raum und Zeit determiniert, lässt uns jetzt erkennen, warum einige Individuen der Flutwelle eines Tsunamis entgegenlaufen müssen, während sich andere rechtzeitig landeinwärts in Sicherheit bringen. Anhand unzähliger Beispiele lässt sich demonstrieren, in welcher Weise das von der Energiebilanz bei Lebewesen aufgebaute Ausgleichsbestreben jegliches Bewegungsverhalten synchron steuert. Wir wollten uns hier allein auf einige wenige, heute noch paradox anmutende Phänomene beschränken. Unmittelbar einleuchtende Erklärungen für das Energieausgleichsprinzip lassen sich jedoch gleichermaßen finden: Überaus anschaulich verdeutlichen uns insbesondere die Wanderungs- und Siedlungsbewegungen von Lebewesen im Ablauf der Evolution und während der gesamten Menschheitsgeschichte das Ausgleichsstreben aller natürlichen Systeme. So offenbart sich auch hier immer aufs Neue und an jeder Stelle ein universales Ordnungsprinzip, das wie ein roter Faden unsere Abhandlung durchzieht. Um es zu verstehen, ist allein notwendig, das man zu einem erweiterten Verständnis der Quantentheorie gelangt. Sobald letztere als Energieausgleichstheorie begriffen werden kann, offenbart sich, dass jegliches Bewusstsein der belebten Materie immer auch ihr Bewegungsverhalten in Zeit und Raum festlegt.

Parapsychologische Phänomene

Parapsychologische Phänomene lassen sich bislang am allerwenigsten in unser traditionelles Weltbild einfügen. Nun jedoch belegen sie in eindrucksvoller Weise, wie sehr alles darauf hinweist, dass im Kosmos die verschiedensten natürlichen Systeme in der Lage sind, über alle Distanzen hinweg synchron miteinander in Verbindung zu treten. Parapsychologische Erscheinungen sind seit Menschengedenken bekannt, wurden allerdings bis in die Gegenwart hinein nur von den Grenzwissenschaften weitergehend erforscht – und dies, obwohl doch der Physik vor mehreren Jahrzehnten bereits der letzte Nachweis gelang, dass die „spukhafte Fernwirkung", wie Einstein die spontane Korrelation zwischen verbundenen Systempartnern nannte, tatsächlich existiert.

Das Besondere an den so erstaunlichen parapsychologischen Phänomenen, die sich auch bei Tieren zeigen, ist vielleicht darin zu erblicken, dass sich Menschen ihrer bewusst zu werden vermögen, was Tieren wohl versagt bleibt. Die bei paranormalen Erscheinungen zu beobachtenden Charakteristika eignen sich deshalb in ganz besonderem Maße für eine Deutung und Auswertung auf der Grundlage unserer vorangegangenen Hypothesen. Als rätselhafte Phänomene im engeren Sinne werden bislang die *Telepathie*, die *Präkognition* und die *Psychokinese* angesehen. Uns selbst liegt daran, auch die *Geistheilung*, die *Hypnose*, den *Placebo-Effekt* und die *Nahtoderfahrungen* in eine Reihe mit den erstgenannten Erscheinungen zu stellen.

Was zum einen die **Telepathie(Gedankenübertragung)** und zum anderen die **Präkognition (Hellsehen)** anbelangt, so erscheint es zunächst, als ob im ersten Fall die räumliche Distanz und im zweiten Fall ein Zeitabstand durch das Bewusstsein überbrückt zu werden vermag. Wie darf man beide

Phänomene deuten? Da sowohl Raum als auch Zeit unserer *Hypothese für ein Kosmisches Bewusstseinsgesetz* zufolge immer abhängige Größen des Bewusstseins darstellen, wobei stets das Bewusstsein als übergeordnete und damit *„absolute Dimension"* anzusehen ist, ergibt sich vor allem anderen eine grundlegende Einsicht: Wenn Systempartner über eine identische Frequenz im Bewusstsein miteinander verbunden sind, so kann es keine räumlich-zeitliche Trennung mehr geben. Die Nicht-Eigenschaft der Raum-zeitlosigkeit des Lichts lässt eine solche Trennung einfach nicht zu. Als Folge davon entsteht ein gemeinsames Bewusstseinssystem mit einer einheitlichen raumzeitlichen Wirklichkeit, die sich in einer übereinstimmenden Wahrnehmung und/oder in einem aufeinander abgestimmten Verhalten zu äußern vermag.

Bemerkenswert ist nun, dass an der „frequenzabhängigen Gleichschaltung" von Systempartnern jede nur denkbare Evolutionsebene teilzuhaben vermag. Einzige Bedingung ist dabei, dass kein – über Änderungen der Energiebilanz herbeigeführter – Frequenzwechsel die „Gleichschaltung" außer Kraft setzt. Dies würde sofort wieder zu einer raumzeitlichen Trennung führen. Weiterhin von Bedeutung scheint zu sein: Auch „immaterielle Bewusstseinsinhalte" – Töne, Farben, Zahlen, Bilder, Wörter, Gedanken, Texte, Melodien, Theorien usw. – schwingen immer auch auf einer bestimmten Frequenz und können dergestalt – bewusst oder oftmals noch unbewusst – im Bewusstsein von Individuen aufscheinen. Selbst wenn wir im allgemeinen Sprachgebrauch bei der Telepathie von Gedankenübertragung sprechen, so haben wir es jedoch bei ihr nie mit einer Übertragung im Sinne eines Informationsaustausches zu tun. Es ist vielmehr die Raumzeitlosigkeit des Lichts selbst, die ein Hier und Jetzt ermöglicht, das den gesamten Kosmos durchdringt und zu dem alle Lebewesen – vom Prinzip her – von jeder Stelle aus und zu jeder Zeit Zugang haben. Es ist dabei gleichgültig, ob sich Lebewesen dieses Tatbestands bewusst sind oder nicht.

Ebenso verwunderlich für unsere bisherigen Anschauungsformen gestalten sich die Verhältnisse bei sämtlichen Erscheinungen, die wir gemeinhin mit der Präkognition, dem sogenannten Hellsehen, in Verbindung bringen. Es sieht dann in der Tat so aus, als ob „gleichsam körperlose Augen sich an einen entfernten Ort wie auch in eine andere Zeit begeben können, um uns von dort aus Sinneswahrnehmungen zu vermitteln". Wie dürfen wir das Phänomen deuten? Auch hier verbirgt sich das „gleichgeschaltete Bewusstsein" einer vereinheitlichten Energiebilanz hinter dem Geschehen, wobei raumzeitliche Unterschiede nicht mehr existieren. Deshalb vermag letztlich auch die sinnliche Wahrnehmung identisch zu sein, die von einem anderen Ort und/oder aus einer anderen Zeit stammt. An der Fähigkeit des Menschen zur Präkognition wird besonders deutlich, dass alle traditionellen Raumzeit-Vorstellungen deshalb in die Irre führten, weil man von einem kausalen und nicht von einem synchronen Weltbild ausging. Wenn man die Existenz des Phänomens nicht schlichtweg leugnen will, so muss man anerkennen, dass die Fähigkeit zur Präkognition das „Weltbild der Synchronizität" in ganz besonderem Maße zu bestätigen vermag. Es kann eben nur so sein, dass die absolute Dimension des Bewusstseins über die Frequenzen der Energiebilanzen die relativen Wirklichkeiten von Raum und Zeit hervorbringen. Sobald sich die Übereinstimmung im Bewusstsein von Individuen herstellen lässt und als Folge davon die Erfahrung der relativen Wirklichkeit einer identischen Raumzeit entsteht, dürfen wir annehmen, dass wir es mit einem Synchronizitätsgeschehen zu tun haben.

Das Vermögen des Menschen, sich – ganz bewusst – auf das so unendlich breit gefächerte Frequenzspektrum der Energiebilanzen von Systempartnern – und dabei jenseits von Raum und Zeit – einzustellen, scheint bis zum heutigen Tag ein Ausnahmegeschehen darzustellen. Doch vollkommen zu Unrecht wird bislang die menschliche Fähigkeit, raumzeitlose Inhalte ins Bewusstsein zu nehmen, als völlig ungewöhnliche Erscheinung angesehen. Es sind eben nicht nur Telepathen und Hellseher, welche über die oftmals so verblüffenden geistigen Talente verfügen. Entdecker, Erfinder, Wissenschaftler, Unternehmer, Komponisten, Schriftsteller, Künstler und viele weitere kreative Menschen können über ihre Energiebilanzen gleichfalls entsprechende Inhalte wissentlich in ihr Bewusstsein rufen. Letztendlich verfügen jedoch alle übrigen Menschen und Tiere gleichermaßen über ausgeprägte telepathische und hellseherische Fähigkeiten, wie sie sich immer aus ihren jeweiligen Energiebilanzen ableiten. Allem Anschein nach sind allerdings letztere nicht dazu in der Lage, sich ihrer kreativen Gaben oder gar des raumzeitlosen Ordnungsprinzips der Natur bewusst zu werden.

Recht anschaulich lässt sich nunmehr die Raumzeitlosigkeit eines identischen Bewusstseins beim bis in die Gegenwart hinein so umstrittenen Phänomen der *Geistheilung* demonstrieren. Raumzeitlos vollzieht sich eine geistige Heilung in dem Sinne, dass sich der Heiler über die sich aus seiner Energiebilanz ergebende Frequenz auf das Bewusstsein seines Patienten einzustellen vermag. Vom Prinzip her ist es gleichgültig, ob ein Geistheiler lokal anwesend ist und etwa seine Hände auflegt oder ob er im Wege der Fernheilung tätig wird. Oftmals reicht gar ein Bild des Patienten zur „Gleichschaltung des Bewusstseins" aus, ohne dass der Kranke überhaupt präsent sein muss. Sobald dann die Energiebilanzen aller Beteiligten ein geschlossenes System bilden, kann ein Heilerfolg unter der Bedingung eintreten, dass das jeweilige Positivbewusstsein des Heilers die Energiedefizite seiner Patienten auszugleichen vermag.

Die Raumzeitlosigkeit im Falle der *Hypnose* erscheint auf den ersten Blick nicht ganz so offenkundig, da sie uns als lokales Phänomen bekannt ist und wir deshalb zunächst einmal vermuten müssen, dass die Hypnose ihre Wirkungen nur in einem lokalen Umfeld entfalten kann. So zumindest suggeriert es uns eine Situation, bei der ein Hypnotiseur in unmittelbarer Nähe auf die Energiebilanz eines Hypnotisierten Einfluss ausübt. Das Phänomen erklärt sich dadurch, dass über eine identische Frequenz ein gemeinsames Energiebilanzsystem und somit ein vereinheitlichtes Bewusstsein hergestellt wird, bei dem entsprechende Vorgaben des aktiven Bewusstseinsteils durch ein passives Partnersystem ausgeführt werden. Gleichwohl dürfen die beobachteten Zusammenhänge in Zukunft nicht mehr als rein lokales Geschehen gedeutet werden. Denn das Bewusstsein schafft grundsätzlich eine Realität jenseits von Raum und Zeit. Dies erweist sich letztlich am Phänomen der **Massenhypnose.** Hier lässt sich die Raumzeitlosigkeit des Bewusstseins deutlich erkennen. Wie die verschiedenen Ideologien des Menschen im geschichtlichen Ablauf in oftmals so verhängnisvoller Weise demonstrierten, kennen die Auswirkungen massenhypnotischer Phänomene keine raumzeitlichen Grenzen. Zeit- und entfernungsüberbrückend haben die vereinheitlichten und gleichgeschalteten Energiebilanzen ideologisierter Menschenkollektive im Ablauf der Geschichte immer aufs Neue das Geschehen bestimmen können.

Die **Psychokinese** ließ sich bisher ebensowenig in unser traditionelles Weltbild einordnen. Vom vorerwähnten Quantenphysiker Wolfgang Pauli erzählte man sich mit einiger Belustigung, dass oftmals Apparaturen, mit denen seine Physikerkollegen experimentierten, zu Bruch gingen, wenn Pauli in die Nähe des Geschehens kam. Unter der Psychokinese versteht man deshalb auch ganz allgemein, dass geistige Energien auf materielle Objekte in dem Sinne Einfluss ausüben können, dass es zur Bewegung und Ortsveränderung der betreffenden Gegenstände kommt. Besonders bei Jugendlichen in der Pubertät zeigte sich das Phänomen recht häufig und löste dann in der Regel großes Erstaunen aus. Doch ebenso schnell wie es aufzutreten schien, vermochte ein psychokinetisch – durch die beobachteten Personen – ausgelöstes Bewegungsgeschehen am Ende auch wieder zu verschwinden. Wo liegt hier des Rätsels Lösung?

Wir gehen davon aus, dass die unbelebte Materie auf unserer Erde im Regelfall eine weitgehend stabile und ausgeglichene Energiebilanz realisiert. Dies ist daran zu erkennen, dass sie sich nur in Ausnahmefällen eigenständig bewegen kann. Doch diese Ausnahmen existieren – beispielsweise dann, wenn sich eine Schneelawine löst oder es zu einem Erdrutsch kommt. Das Geschehen wird dabei grundsätzlich von den verschiedensten natürlichen Systempartnern und stets im Wege des Energieausgleichs abgerufen. Zum Systempartner kann auch der Mensch werden, der beispielsweise dadurch zu Schaden oder gar zu Tode kommt, dass er mit der unbelebten Materie eine identische Frequenz verwirklicht. Wir dürfen im Grundsatz daraus schließen, dass psychokinetisch ausgelöste Wirkungen immer dann möglich werden, wenn sich im Bewusstsein jeder beliebigen Materie unausgeglichene Zustände offenbaren. Ein psychokinetischer Vorgang liegt allem Anschein nach auch dann vor, wenn ein Individuum mit einem weiteren Lebewesen in zerstörerischer Weise zusammentrifft. Man stelle sich einen Autofahrer vor, der mit seinem Fahrzeug auf den einzigen Chausseebaum prallt, der weit und breit zu sehen war. Das beide Systempartner verbindende Element ist das Bewusstsein – das heißt die auf derselben Frequenz schwingende Energiebilanz.

Ganz besondere Faszination vermag der *Placebo-Effekt* auszuüben, dem es mittlerweile gelungen ist, von der traditionellen Medizin nicht mehr verleugnet zu werden. Trotzdem führt er noch immer ein Schattendasein angesichts der Bedeutung, die ihm in Zukunft im Hinblick auf ein neues Verständnis des Bewusstseinsgeschehens zuwachsen könnte. Er erbringt den Nachweis, dass das Gesamtbewusstsein des Menschen mit der Energiebilanz von Körperorganen in eine Energieausgleichsbeziehung einzutreten vermag. Sobald ein übergeordnetes Bewusstsein dem Kraftfeld eines Untersystems vermitteln kann, dass von einer Substanz – sei sie chemischen, biologischen oder homöopathischen Ursprungs –, von einem Arzt, einem Heiler oder von einem anders gearteten Umstand irgendeine positive Wirkung auszugehen vermag, stellt sich Heilung ein. Der Placebo-Effekt entfaltet seine Wirkungen nicht etwa nur im Falle des Krankheitsgeschehens. Er spielt in sämtlichen Lebensbereichen eine große Rolle, in denen nicht die materiellen Verhältnisse selbst sondern primär die mit ihnen in Verbindung gebrachten Vorstellungen kreative Wirkungen auslösen.

Unsere Schilderungen und Deutungen der vorgenannten parapsychologischen Erscheinungen mögen uns unter Umständen heute noch als überaus erstaunlich und befremdlich erscheinen. Es bleibt nur zu hoffen, dass alle Phänomene recht bald noch gründlicher erforscht und eines Tages nicht mehr als paranormal sondern als ganz natürlich angesehen werden dürfen. Sie vermitteln uns in ganz besonderem Maße tiefe Einblicke in das „Weltbild der Synchronizität". So sehr sie in dieser Beziehung aufklärerisch und richtungsweisend zu wirken vermögen, so sagen sie doch weniger darüber aus, wie sich das große Rätsel um den Sinn und die Hintergründe unserer menschlichen Existenz letztendlich noch weitergehend entschlüsseln lässt. Hierzu wollen wir nunmehr einen aufschlussreichen Versuch unternehmen.

Kehren wir mit diesem Vorsatz erneut zu unserer Energieausgleichsformel

$$e = m\ (\ l/t\ )^2$$

zurück. Sie steht für die bei Quantenprozessen realisierte Ausgleichsenergie. Sie beansprucht hierbei Gültigkeit für jegliches Geschehen, das sich im Kosmos nach den Ordnungsprinzipien der Selbst- und Ego-Organisation formiert. Dies kommt im Prinzip der Aussage gleich, dass der für die kreative Aufbauleistung eines Systems notwendige Energiebetrag stets dem Quantum entsprechen muss, das im Falle der Systemzerstörung erneut freigesetzt wird. Zunächst lässt dieser Zusammenhang darauf schließen, dass hier die Natur wieder einmal ihren Hang zu einer harmonischen Symmetrie unter Beweis stellt. Und doch offenbart sich bei den zwei so entgegengesetzt wirkenden Prinzipien der Natur ein – ins Auge fallender – Unterschied, wie er an früherer Stelle bereits aufgedeckt wurde.

Stellen wir uns den Menschen vor, der im Verlaufe seines Lebens fortgesetzt die unterschiedlichsten „Energiepakete" absorbiert und gleichzeitig an seine Umwelt entsprechende Energien in mehr oder weniger großem Umfang abgibt. Es sei mittlerweile unterstellt, dass in allen Fällen immer kompensatorisch oder auch komplementär wirkende Quantenprozesse das Geschehen steuern. Nun wissen wir zwar, dass sämtliche Quantenprozesse *diskontinuierlich* verlaufen und doch erwecken die zu konstatierenden Energieaustauschvorgänge grundsätzlich den Eindruck, als ob sie „*irgendwie kontinuierlich"* erfolgten. Welchen Reim können wir uns auf das Geschehen machen? Wenn wir uns vorstellen, dass in jedem Einzelfall anlässlich der Energieaufnahme durch den Menschen andere Systeme ihr Leben lassen müssen, so läuft aus der Sicht der absorbierten Systeme der Prozess durchaus diskontinuierlich ab. Denn mit dem Tod jedes untergeordneten Systems wird ganz abrupt „systemspezifische positive Lebenszeit" vernichtet und die jeweilige Lebensuhr auf Null zurückgestellt. In gleicher Weise wird simultan – wir beschrieben den Prozess zuvor – ein dazugehöriger „positiver Lebensraum" zerstört.

Dagegen setzt sich für den Menschen als Empfänger aller systemspezifischen Energiequanten das Leben fort. Alles sieht dann eigentlich so aus, als triebe ein kontinuierlicher und allumfassender Zeitpfeil das Leben immer nur vorwärts in die Zukunft. Schließlich aber naht zu irgendeiner Zeit die Stunde unseres eigenen Todes und ein „übergeordnetes System" ist es dann, das uns seinerseits jetzt wieder zu sich nimmt. Und was könnten wir hierbei anlässlich unserer Todesstunde erleben? Durch die Auswertung der **Nahtoderfahrungen** von Menschen wissen wir mittlerweile, dass die gesamte Vergangenheit mit ihren zahllosen individuellen Lebenserfahrungen – wie mit Lichtgeschwindigkeit – im Bewusstsein eines sterbenden Menschen aufzuscheinen vermag. Daraus dürfen wir schließen, dass diskontinuierlich und mit Lichtgeschwindigkeit nicht nur bei uns Menschen sondern bei sämtlichen untergehenden Systemen die gesamte Positivzeit des Lebens durch eine in die Vergangenheit weisende Negativzeit schlagartig wieder vernichtet wird. Es stellt sich also heraus, dass nicht zuletzt die *Nahtoderfahrungen von Menschen das Weltbild der Synchronizität in allem bestätigen.* Sie sind es, die in ganz besonderem Maße davon Zeugnis ablegen können, dass wir den gesamten Kosmos als Bewusstseins-Perpetuum ansehen dürfen, in dem das Bewusstsein über die Energiebilanz alle nur denkbaren relativen Wirklichkeiten in Zeit und Raum hervorzubringen vermag und zuletzt – in asymmetrischer Weise – wieder vernichtet.

9. Zeitenwende und Bewusstseinssprung

Man tut gut daran, das Energieerhaltungsgesetz als eine der hervorragenden Säulen des Weltbilds der Physik bei der Suche nach einem kosmologischen Denkmodell nicht gänzlich außer Acht zu lassen. Im Energieerhaltungsgesetz ist nämlich im Grundsatz bereits der Gedanke angelegt, dass wir es bei jeglichem Geschehen mit Wechselwirkungen und nicht mit „Kräften" zu tun haben. Denn schließlich muss sich ja jede wie auch immer geartete Energieübertragung in irgendeiner Weise zwischen „Partnersystemen" vollziehen. Überall um uns herum fallen uns die dafür notwendigen Bewegungsvorgänge ins Auge. Da nun die Plancksche Theorie mit ihrem Wirkungsquantum ihrem ganzen Wesen nach ein Modell darstellt, bei dem „Energiepakete" mittels Bewegung übertragen werden, liegt die Schlussfolgerung eigentlich auf der Hand, dass alle Quantenprozesse immer auch als Energieausgleichsvorgänge gedeutet werden müssen.

Mehr als verwunderlich erscheint , dass sich die Newtonsche Vorstellung von der Gravitation als „irreduzibler Eigenschaft der Materie" über mehr als drei Jahrhunderte zu behaupten vermochte und der so offensichtlich zu Tage tretende Wirkungszusammenhang zwischen Sonne, Erde und den übrigen Planeten – allen so paradoxen Bewegungs- und Naturerscheinungen im Sonnensystem zum Trotz – einfach ausgeblendet wurde. Man darf es als Beweis dafür nehmen, wie sehr wir Menschen bis heute dem „Kausalitätsdenken" zutiefst verhaftet bleiben. Mehr als rätselhaft mutet des Weiteren an, warum De Broglies so großartige Entdeckung, dass die Materie über Welleneigenschaften verfügt, bis auf den heutigen Tag nicht als fundamentaler Baustein bei der Suche nach einer einheitlichen Welttheorie dienen konnte.

Mittlerweile wollen wir selbst davon ausgehen, dass jegliche bewegte Materie immer irgendeine Frequenz realisiert. Besonders bei Lebewesen ist dabei das so umfassende Körperfrequenzspektrum hierarchisch tief gestaffelt. Keine physikalischen Abläufe existieren, die nicht ursächlich auf komplementären oder kompensatorischen Quantenprozessen beruhen und in denen wir die beiden Ordnungsprinzipien der Natur – die Selbst- und die Ego-Organisation – verwirklicht finden. Sämtliche Quantenprozesse vollziehen sich dabei synchron und sind dem mit dem Drehimpuls untrennbar verbundenen Wirkungsquantum zuzuschreiben, welches stets in Richtung auf den synchronen Energieausgleich mit den jeweiligen Systempartnern hinwirkt. All unsere Thesen setzen allerdings voraus, dass sich die zentrale „Antriebsrolle" der in jeder Materie angesiedelten Feinstrukturkonstante bestätigt finden wird. Im Übrigen lassen sich sämtliche kosmischen Formationsprozesse nur entschlüsseln, wenn man sich immer aufs Neue der so erstaunlich anmutenden Nicht-Eigenschaft der Raumzeitlosigkeit des Lichts bewusst wird.

Angesichts der kosmischen Zusammenhänge, wie sie in der

allgemeinen Energieausgleichsformel e = m (l/t)²

ihren Ausdruck finden, ist davon auszugehen, dass in der Natur nicht etwa unterschiedliche Kräfte walten sondern immer nur wechselseitige Wirkungen im Bestreben nach Energieausgleich das Leben steuern. Insbesondere erweist sich die Newtonsche „Gravitationshypothese" als ungeeignet, uns ein stimmiges Bild von der Evolution, von der Struktur und von den Abläufen in unserem Sonnensystem sowie im übrigen Universum zu vermitteln. An die Stelle des kausalen Weltmodells von Newton, das Albert Einstein mittels seiner Allgemeinen Relativitätstheorie über die Zeit hinwegzuretten versuchte, hat jetzt nach unserer Ansicht das neue *Weltbild der Synchronizität* zu treten.

Bei aller Kritik am Einsteinschen Kausaldenken und seinen Folgen für die theoretische Physik wie auch für alle übrigen wissenschaftlichen Disziplinen gilt es jedoch, Einstein und seinem Werk tiefste Bewunderung zu zollen. Lebenslang blieb er – dem Zeitgeist einer pragmatisch oder gar opportunistisch orientierten Naturwissenschaft zum Trotz – seiner festen

Überzeugung treu, dass allein deterministische Gesetzmäßigkeiten das Naturgeschehen lenken müssten. Zu keiner Zeit könnten Zufall, Willkür oder Unbestimmtheit die Wirklichkeit unserer Welt gestalten. Mit seiner von ihm so unerschütterlich verfolgten und doch von der Wissenschaft zunehmend vernachlässigten „Gott würfelt nicht"–These verschrieb er sich der rastlosen Suche nach einer deterministischen Erklärung für das kosmische Geschehen. Mittlerweile erweist sich nun, dass die so einzigartige Intuition Einsteins in dieser Frage nicht getrogen hat. Mehr noch: Auch das von ihm so unermüdlich gesuchte „einheitliche Feld" existiert tatsächlich, wie es die augenfälligen Energieausgleichswirkungen in Natur und Gesellschaft immer aufs Neue unter Beweis stellen.

Was schließlich den vielen Kritikern der deterministischen Weltsicht Einsteins so unendliches Kopfzerbrechen bereitete, war die Frage, wie in einer Welt, die durch eine unveränderliche Naturgesetzmäßigkeit beherrscht würde, überhaupt noch Raum für den *freien Willen* des Menschen oder die individuelle Entfaltung aller übrigen Lebewesen existieren könne. Die Auflösung des Rätsels, das sich hinter dieser so berechtigten Fragestellung verbirgt, ist nur möglich, wenn man sich klarmacht, dass Lebewesen dazu fähig sind, Energien in zwei einander entgegengesetzte Entwicklungsrichtungen zu lenken. Im Wege einer aktiven Einflussnahme auf ihre Energiebilanz vermögen Lebewesen auf diese Weise sowohl ein kreatives als auch ein destruktives Wirkungsgeschehen in die Wege zu leiten. Dementsprechend gestalten sie dann immer auch ihr „Schicksal" selbst. Alles spricht dafür, dass alle lebendigen Individuen sich innerhalb ihrer artenspezifischen Grenzen und auf der Grundlage ihres „Bewusstseinserbes" völlig frei und nach eigenem Gutdünken bewegen und verhalten dürfen.

Dem freien Willen von Lebewesen sind jedoch im Falle der Ego-Organisation dort Grenzen gesetzt, wo die Negativenergien des Bewusstseins übermächtig werden. Dieser Tatbestand lässt uns das eigentliche *Verursachungsprinzip bei der biologischen Auslese* erkennen, die somit als „*bewusstseinsenergetische Selektion*" zu deuten ist und der grundsätzlich ein physikalischer Prozess zugrunde liegt. Ebenfalls haben wir allen Anlass, nunmehr davon auszugehen, dass auch die *Mutation bewusstseinseinsenergetisch gesteuert* wird – und dies sowohl in ihrer positiven Ausprägung bei der Höherentwicklung von Lebewesen als auch im negativen Fall eines evolutionären Rückschritts. Die zentrale Einflussnahme der Energiebilanz auf das Geschehen bei Selektion und Mutation fassten wir schließlich in einer *Evolutionshypothese* zusammen, die postuliert, dass immer das Bewusstsein das in zwei gegenläufige Richtungen weisende Evolutionsgeschehen bestimmt. Dass tatsächlich alle materiellen Formations– und Zerstörungsprozesse im gesamten Kosmos gleichermaßen im Sinne unserer Evolutionshypothese verlaufen dürften, erhärtet insbesondere der physikalische Tatbestand der – bisher nur bei Teilchen bekannten – *Zeit- und Raumumkehr*. Sobald man in der Zeit- und Raumumkehr die Möglichkeit einer allgemeinen *Prozessumkehr* erkennt, die gleichermaßen für alle bewegten Körper gilt und über das Wirkungsquantum gesteuert wird, lässt sich am Ende unsere *Hypothese für ein Kosmisches Bewusstseinsgesetz* formulieren, die wir hier noch einmal wiederholen möchten:

Die einzig absolute Dimension im Kosmos ist das Bewusstsein. Die sich über alle Evolutionsstufen hinweg vollziehenden schöpferisch-zerstörerischen Prozesse kennen weder Anfang noch Ende sondern nur ein allumfassendes Hier und Jetzt. Raum und Zeit und das in ihnen ablaufende energetisch-materielle Umwandlungsgeschehen sind relative Wirklichkeiten, die in allem vom Bewusstsein im Wege des Energieausgleiches geschaffen wie auch vernichtet werden.

Unsere Vorstellung vom kosmischen Geschehen des „Werdens und Vergehens" wäre also die von der realen Existenz eines „Bewusstsein-Perpetuums", wie wir es nannten. Wie darf man das verstehen?

Denken wir zunächst noch einmal an das Einsteinsche Raum-Zeit-Kontinuum sowie an die Vorstellungen, die sich mit der Allgemeinen Relativitätstheorie verbinden. Albert Einstein vermochte es hierbei nicht, sich vom

Newtonschen Denken zu lösen, da er das Universum als im Wesentlichen unveränderlich und ewig ansah. Seine Absicht bestand deshalb ursprünglich darin, ein statisches Kosmologiemodell zu entwickeln. Materie und Energie krümmen dabei die Raumzeit. Mittlerweile haben die englischen Physiker Penrose und Hawking den Nachweis erbracht, dass sich aus der Krümmung der Raumzeit notwendigerweise ergibt, dass bei Einsteins Modell sogenannte Singularitäten existieren müssen, somit also Punkte, an denen die Raumzeit seinen Anfang nimmt oder an ihr Ende gelangt. Von einem „zeitlos-ewigen" Denkmodell kann deshalb bei Einstein keine Rede sein. Mit dem gegenwärtig herrschenden Standardmodell der Kosmologie, das sich auf die Theorie vom Urknall stützt, verhält es sich übrigens ähnlich. Hier wird der Urknall als der eigentliche Ursprung von Zeit und Raum angesehen. Was jedoch liegt dann jenseits von Zeit und Raum? Wie kommt die Raumzeit in die Welt? Gibt hier nun unser *Bewusstseins-Perpetuum* eine neue Antwort?

Zuallererst halte man sich vor Augen, dass die Bewusstseinsenergie des Lichts keine Raumzeit kennt. Aus ihr geht durch die Fähigkeit des Bewusstseins zur Polarisation die Materie hervor, die damit in die Raumzeit eintritt. Nun bleibt jedoch in der Materie selbst ein Teil der ehemaligen Lichtenergie ungebunden, wie wir es durch die Existenz der Feinstrukturkonstante annehmen müssen. Dieser Teil ungebundener Bewusstseinsenergie dürfte es nach unserer Ansicht sein, welcher dafür sorgt, dass sich jedes beliebige „kosmische Schicksal" der Materie am Ende seiner systemspezifischen Lebenszeit erfüllen kann. Und so kehrt dann jegliche Materie zuletzt immer in die Raumzeitlosigkeit des Lichts zurück. In diesem Sinne stellt also das Bewusstseinsperpetuum ein „ewiges Kreislaufmodell des Bewusstseins" dar.

Der besagte Kreislauf offenbart sich insbesondere bei allen Lebewesen, da es jeglicher lebendigen Materie möglich ist, für oder gegen das Leben Stellung zu beziehen. Über ihr Bewusstsein vermögen sich nämlich Lebewesen im Wege der Selbst- oder der Ego-Organisation zu formieren – und dies sowohl was ihre Innenwelt als auch was ihre Außenwelt anbelangt. Die einander entgegengesetzten Ordnungsprinzipien sollen dazu dienen, den von allen Systemen angestrebten Energieausgleich auf die eine oder andere Weise zu bewerkstelligen. Beim Positivprozess schafft ein System Lebenszeit und Lebensraum. Im Falle eines Negativprozesses vernichtet es ihn wieder. Raum und Zeit stellen somit also systemspezifische Größen dar. Diesem Tatbestand ist es zuzuschreiben, dass sich unsere Vorstellung vom tatsächlichen Wesen der Zeit grundlegend wandeln muss. Aus einer kosmologischen Sicht heraus macht es keinen Sinn, sämtliche Lebenszeiten von Systemen „aneinanderzureihen", denn die Lebensuhr jedes Systems wird am „Ende seiner Zeit" auf Null zurückgestellt. Dass wir auf unserer Erde Fossilien aus der Urzeit vorfinden und daraus folgern, dass es soetwas wie einen Fluss der Zeit geben könnte, ist eben deshalb ein Trugschluss, weil die systemspezifische Lebenszeit der Erde selbst gleichfalls an ihr Ende gelangen wird. Irgendwann wird also immer wieder Raumzeitlosigkeit hergestellt – was auf sämtliche nur vorstellbaren Systeme zutreffen dürfte, die im Verlauf der Evolution stets aufs Neue wieder untergehen müssen. Was sich somit dem Betrachter darstellt, sind stets nur „relative Wirklichkeiten". Aus der absoluten Perspektive heraus schafft die Transformation von Energie in Materie Raum und Zeit. Die Rückumwandlung von Materie in Energie vernichtet beide Größen schließlich wieder.

So lange wir Menschen hier auf Erden während unserer „systemspezifischen Lebenszeiten" denken und fühlen können und noch nicht in die raumzeitlose Ewigkeit zurückgekehrt sind, stellt die Möglichkeit zur Beobachtung und Erforschung der so zahllosen „relativen Wirklichkeiten" ein faszinierendes Abenteuer dar – und dies vor allem in der gegenwärtigen Epoche, in der unser Planet und die gesamte Menschheit vor einer regelrechten Zeitenwende stehen dürften. Sie bewusst miterleben zu dürfen, ist ein einzigartiges Privileg. Angesichts der sich gegenwärtig weltweit zuspitzenden Nöte bei so vielen Mitbewohnern auf unserem Planeten ist unsere Einschätzung unter Umständen nicht ganz einfach nachzuvollziehen. Man werde sich jedoch bewusst, dass wir auf der Grundlage des *Weltbilds der Synchronizität* von den nachfolgenden Gegebenheiten auszugehen haben: Jedes Individuum verfügt theoretisch, wie wir es mehrfach festhielten, über die Alternative, sich für oder gegen das Ordnungsprinzip der freiwilligen Selbst-Organisation zu entscheiden. Und genau in dem Maße, wie es dies tut, darf oder muss es mit den entsprechenden Wirkungen rechnen, die in allen Fällen selbstverursacht sind. *Wir leben somit also in der besten und gerechtesten aller Welten, die überhaupt vorstellbar sind.* Jeder empfängt stets genau das, was er selbst verursacht hat! Zufall, Willkür oder Unbestimmtheit existieren einfach nicht. Und wenn dann gar noch der Naturwissenschaftler davon auszugehen hätte, dass die Naturgesetzmäßigkeiten tatsächlich exakt in der beschriebenen Weise wirkten, so eröffneten sich für Mensch und Gesellschaft wahrhaft grenzenlose Möglichkeiten. Vom Prinzip her ließen sich eigentlich die Gesetze des Menschen allesamt sofort abschaffen, da ja ein allgemeines Weltgesetz des Energieausgleichs für eine Ordnung sorgt, wie sie der Mensch und seine gesellschaftlichen Institutionen niemals in überlegener Weise organisieren könnten.

So utopisch derartige Vorstellungen heute noch erscheinen mögen: Es ist genau der Weg, den uns die Natur vorgezeichnet hat! Wirtschaft und Gesellschaft steuern global auf die Selbst-Organisation zu, da die Gesetzmäßigkeiten der energetischen Auslese sowie der Mutation nicht allein in der Natur zu gelten scheinen sondern vor allem im Bereich des Menschen die evolutionäre Höherentwicklung vorantreiben – und dies wie nie zuvor in der gegenwärtigen Phase der Menschheitsentwicklung. Man wird über kurz oder lang erkennen müssen, dass nicht die Systeme überleben können, die im „Konkurrenzkampf des Lebens" auf den Schlachtfeldern von Markt und Politik ihre Ego-Partner bezwingen. Nein, es werden letztlich immer die Selbst-Kollektive sein, die ihren Systempartnern zunehmend nützlichere und technisch perfektere Güter und Leistungen zur Verfügung stellen, ohne sich in Konkurrenz zu anderen Systemen zu sehen und ohne dabei im Wege einer exzessiven Verschuldung wachsen zu wollen. Und selbst wenn die tatsächliche Verwirklichung eines solchen Bewusstseins nicht in einem ersten Anlauf vollständig gelingen sollte, so bleibt es doch die eindeutige Entwicklungsrichtung, die uns die Natur vorgegeben hat. In der Pflanzenwelt auf unserer Erde lässt sich besichtigen, wie das harmonische „Geben und Nehmen" der Selbst-Organisation funktionieren kann.

Jedes Lebewesen, das die dargestellten energetischen Zusammenhänge intuitiv zu erfassen vermag, lebt bereits heute in dem begnadeten Bewusstseinszustand, den wir zuvor als Selbst-Irrationalität kennzeichneten. Es erspürt aus der eigenen Tiefe, dass es nur dann leben darf, wenn es anderen Wesen das zur Verfügung stellt, was letztere zum Leben benötigen. In der Pflege der Nachkommenschaft durch Mensch und Tier begegnet uns beispielsweise das Bewusstseinsprogramm der Selbst-Irrationalität auf Schritt und Tritt. Aber auch in vielen anderen Lebensbereichen des Menschen ist es inzwischen bereits Realität geworden. Ja, sogar die Selbst-Rationalität, durch die etwa die Unternehmen Qualitätsprodukte und Höchstleistungen ihren Systempartnern (Kunden) im Wege der Freiwilligkeit zur Verfügung stellen, vermag sich in zunehmendem Maße global durchzusetzen. Alles liefe also in überaus harmonischer Weise auf eine kontinuierliche Höherentwicklung hinaus, wenn – ja wenn uns eben nicht „Schuld und Schulden" die Energiebilanz verhageln würden. Denn „Schuld und Schulden", in denen die Energiebilanzdefizite der Ego-Systeme ihren vielfach bereits quantifizierbaren Niederschlag finden, sind es, die grundsätzlich entsprechende Wirkungsquanten auf den Plan rufen und damit den „Krankheitsverlauf" und die Lebensdauer für jedes System exakt festlegen.

Was die globale Energiebilanz der Menschheit anbelangt, deutet nicht nur die erdrückende Überschuldung des Weltfinanzsystems darauf hin, dass unser Planet mit all seinen Menschen in den verschiedensten Weltregionen und innerhalb der unterschiedlichsten Gesellschaftssysteme ein nie zuvor gekanntes Krankheitsgeschehen durchläuft. Sämtliche Wirkungen, die sich bei Mensch, Gesellschaft und Natur inzwischen ausmachen lassen, zeigen uns, dass die globale Ego-Organisation ein Zerstörungsgeschehen eingeleitet hat, das – nach unserer Einschätzung – zu einer Zeitenwende führen wird und muss. Denn nur so kann auf unserem Globus eine zukunftschaffende und kreative Entwicklung gewährleistet bleiben. Wirkungsquanten noch unvorstellbarer Dimension könnten es sein, mit denen sich in nicht allzu ferner Zukunft die individuellen und kollektiven Ego-Systeme aus der Welt schaffen würden. Für einen solchen Bereinigungsprozess dürfen wir der Natur zutiefst dankbar sein, denn sie verfolgt unnachgiebig im gegenwärtigen Stadium der Evolution des Menschen nur ein einziges Ziel: Ausnahmslos setzt sie wirklich alles daran, mit dem ihr zu Gebote stehenden Mittel des Wirkungsquantums das kreative Leben und somit auch Mensch und Gesellschaft vor den exzessiven globalen Ego-Energien zu schützen. Wenn das Naturgesetz nämlich nicht über die Korrekturfunktion des Wirkungsquantums verfügte, so dürfte sich das kreative Leben nicht weiterhin behaupten können und ein fortwährendes Ego-Chaos würde die „ewige Hölle" hier auf Erden schaffen.

Jedes Individuum mit weitestgehend ausgeglichenem Bewusstsein, das unbelastet von allen kosmologischen Fragestellungen sein Leben lebt, erfasst in seinem Urvertrauen den ihm fortlaufend durch die Natur zuteil werdenden Schutz. Es kann sich vor all den destruktiven Verhältnissen nicht fürchten, die individuelle und kollektive Ego-Systeme bewusstseinsenergetisch womöglich schon in näherer Zukunft in nie gekannter Dimension schaffen werden. Es spürt intuitiv, dass die Natur uns zu keiner Zeit im Stich lässt. Und wenn am Ende tatsächlich kollektive Ego-Systeme ihre atomare Waffentechnik zum finalen Großeinsatz bringen sollten und/oder die unzähligen Nuklearanlagen des Menschen durch natürliche Wirkungsquanten zerstört würden, so dürfen wir jetzt davon ausgehen, dass all den Systemen in Natur und Gesellschaft mit weitestgehend ausgeglichener Energiebilanz ein positiver Bewusstseinssprung im Wege der Mutation garantiert sein wird.

Dass der Welt ein derart apokalyptisches Szenario bevorsteht, ist hingegen nicht zwingend. Denn noch besteht an jedem neuen Tag die Möglichkeit, die Ego-Energien von „Schuld und Schulden" einzugrenzen und in den Positiv-Bereich des Bewusstseins überzuwechseln. Nur hier darf sich nämlich der freie Wille des Menschen ungehemmt entfalten. Als zutiefst gerecht kann man es dabei empfinden, dass das Schicksal eines einzelnen Menschen vom Prinzip her zu keiner Zeit vom Geschick der Gesellschaft abhängig ist, in der er sein Leben lebt. Immer sind sämtliche Wirkungen, die ihm widerfahren, durch das eigene Bewusstsein selbst verursacht. Wenn sich allerdings ein individuelles Ego von der Frequenz eines gesellschaftlichen Kollektiv-Egos nicht abzulösen vermag, so ist ein positives Individualschicksal naturgesetzlich nicht mehr möglich. Diese Einsicht dürfte insbesondere für einen verstandesorientierten Menschen von allergrößter Bedeutung sein, wenn ihm daran gelegen ist, für sich und seine „Systempartner" neue Lebens- und Überlebensmöglichkeiten zu schaffen. Sie lässt sich nur erlangen, wenn es gelingt, sich vom Kausalitäts- und Zufallsdenken bewusst abzuwenden und das *Weltbild der Synchronizität in* seiner ganzen Tiefe geistig aufzunehmen und zu durchdringen. Am Ende dürfte dann schließlich die Gewissheit stehen, dass es den Zufall niemals geben kann und dass die Natur in ihrer so einzigartigen Logik, Harmonie und Schönheit frei von jeglicher Willkür ist.

Bis sich ein so umfassendes Verständnis des kosmischen Geschehens überall durchsetzen kann, dürfte es hilfreich sein, wenn wir in einem ersten Schritt zu der Einsicht gelangen, dass die Energiebilanzen jedweder Materie auf der Erde die ihnen von der Sonne zur Verfügung gestellten Energien in allen Fällen selbst abrufen. Dass es die „Gravitationskraft" und eine von der Materie verursachte Krümmung der Raumzeit einfach nicht geben kann! Möge die Erkenntnis reifen, dass wir sämtliche Bewegungen im Universum dem kosmischen Prinzip des Energieausgleichs zu verdanken haben und dass sich nur deshalb auch unser blauer Planet an jedem neuen Tag einmal um sich selbst zu drehen vermag auf seiner jährlichen Umlaufbahn um die Sonne!

Literaturhinweise

Broschke, F. L.   *Die Schöpfung ist noch nicht zu Ende*
Düsseldorf – Wien 1981

Briggs, John   *Die Entdeckung des Chaos*
Peat, F. David   München 1993

Davies, Paul   *Der Plan Gottes*
Frankfurt/M. – Leipzig 1995

Fischer, Ernst Peter   *Einstein, Hawking, Singh & Co.*
München 2004

Fritzsch, Harald   *Das absolut Unveränderliche*
München 2005

Froböse, Rolf   *Der Lebenscode des Universums*
München 2009

Goenner, Hubert   *Einsteins Relativitäts-Theorien*
München 1997

Goleman, Daniel   *Kreativität entdecken*
Kaufmann, Paul   München – Wien 1997
Ray, Michael

Goswami, Amit   *Das bewusste Universum*
Stuttgart 1997

Grazyna, Fosar   *Vernetzte Intelligenz*
Bludorf, Franz   Aachen 2001

Hawking, Stephen   *Eine kurze Geschichte der Zeit*
Reinbek bei Hamburg 1988

Held, Werner   *Jung, Sheldrake und die Quantenphysik*
Copyright Werner Held, 2001

Jung, Carl Gustav   *Synchronizität, Akausalität und Okkultismus*
München 2001

Junghanss, Volker   *Laßt uns jetzt ans Überleben denken*
Genf 1992

Unterwegs zur absoluten Dimension
Gott würfelt nicht – e=m (l/t)²
Norderstedt 2005
(siehe dort weitere Literaturhinweise)

Koestler, Arthur   *Die Wurzeln des Zufalls*
Bern-München-Wien 1972

Laszlo, Erwin   *Zu Hause im Universum*
Die neue Version der Wirklichkeit
Berlin 2005

v. Lucadou, Walter   *Psi-Phänomene*
Neue Ergebnisse der Psychokinese-Forschung
Frankfurt / M. 1997

Matthews, Robert   *Und Gott hat doch gewürfelt*
München 1992

Miller, Arthur I.   *137*
C. G. Jung, Wolfgang Pauli
und die Suche nach der kosmischen Zahl
München 2011

Niemz, Markolf H.   *Lucy mit C*
Mit Lichtgeschwindigkeit ins Jenseits
Norderstedt 2005

Schommers, Wolfram   *Formen des Kosmos*
Physikalische und philosophische Facetten der
Wirklichkeit
Zug / Schweiz 2002

Sens, Eberhard   *Am Fluß des Heraklit*
(Hrsg.)   Frankfurt/M. / Leipzig 1993

Sheldrake, Rupert   *Der siebte Sinn des Menschen*
Frankfurt/M. 2006

Stettler, René   *Zu einer neuen Quantenphysik des*
Bewusstseins – Gespräche an den Grenzen
der Erkenntnis
Luzern 2009

Teilhard de Chardin,   *Die menschliche Energie*
Pierre   Olten 1966

Tipler, Frank J.   *Die Physik der Unsterblichkeit*
                          München 1994

Young, Arthur   *Der kreative Kosmos*
                          München 1987

Zeilinger, Anton   *Einsteins Schleier*
                          München 2003